AI時代に進化する
FAQの活用と実践

株式会社プラスアルファ・コンサルティング
大矢 聡

リックテレコム

まえがき

　75%を超える所有率となったスマートフォン、25%を超える利用率となったネットショッピング（世帯割合）、70%を超える利用率となったSNS（ソーシャル・ネットワーキング・サービス）――。Webにおけるサービス／コミュニケーションが主流となり、消費者行動がデジタルシフトしている。

　知りたいことや困ったことがあれば、まずWebサイトを見るという人が増えている。そして、Webサイトで問題を解決できないと、コンタクトセンターに電話をする。しかし、コンタクトセンターは現在、労働人口減少による人手不足という課題を抱えている。人が集まらない、人が少ないことで、電話対応に追われ、社員の疲弊が進み、CS低下を招いている。いかに業務を効率化すればよいかが、現場の課題だ。

　その課題を解決する方法に「FAQサイト」がある。知りたいことや困ったことをWeb上で案内する。知りたいワードで検索したり、知りたい情報に該当するカテゴリを選択すると、質問文とその回答が表示され、コンタクトセンターに電話をする前にWeb上でセルフサポートする仕組みだ。しかし、セルフサポートを推進するためのFAQコンテンツが増えていくと、多すぎる情報から知りたい情報がなかなか見つけられないという課題が出てくる。

　ここで注目されているのが、「AI（Artificial Intelligence：人工知能）」を活用した自動化である。AIを活用した「チャットボット」サービスは、よくメディアでも取り上げられているが、これは多くのFAQコンテンツから適切なFAQを見つけ出すことを支援する。WebにおいてAIを活用してサポートの自動化を図り、採用難の課題にアプローチしていこうという狙いだ。

003

こうした取り組みが急速に進む一方で、「AIを導入したが、期待した効果が出なかった」と、AI活用の取り組みから撤退する動きが起き始めている。原因は2点ある。「FAQが整備されていない」ことと、「"カスタマーにとって最適なFAQコンテンツは何か"を学習させるまでの運用設計がない」ことだ。

　ある質問に自動で回答するAIソリューションを導入しても、回答するデータベース（FAQ）が整備されていないために「使えない回答」に溢れ、結果的にCS低下につながっているケース。「AIを導入すれば何でもやってくれる」という前提で、回答が育たずにいつまでも進化しないケース。つまり、土台となるFAQが整備されていないと、AIソリューションを導入しても効果が出ないのだ。

　「FAQは大して効果が出ない」「FAQをやるよりAIに投資した方がいい」と、私が関わってきた企業から言われたことがある。しかし、AIや自動化サービスの運用に移行するためにも、正しい方法でFAQの整備を進めていくことが近道だ。スマートスピーカーやチャットボットなどの新たなコミュニケーションツールへの対応を進めるにあたっても、土台となるFAQが充実しているかどうかが成否を分けることになる。

　本書は、FAQの基礎から、効果指標の設定、成果を実現するための機能や運用ノウハウ、事例まで幅広くお伝えする、過去に類をみない「FAQに特化」したノウハウ本だ。本書を読み込めば、よりよいカスタマーサポートを実現するための方法論が必ず身につくはずだ。

　なお、本書ではFAQソリューションの機能や管理すべきKPIを具体的に説明するため、プラスアルファ・コンサルティング社が提供するクラウド型FAQソリューション「アルファスコープ」（https://www.pa-consul.co.jp/alphascope/）を例に解説している部分があることを、ご了承いただきたい。

Contents

まえがき —— 003

第1章　FAQ とは ································· 011

1-1　FAQとは —— 012

1-2　顧客が問い合わせに至る過程とFAQの位置づけ —— 015

1-3　使えるFAQはよく整理された冷蔵庫 —— 018

1-4　FAQは企業資産としてのナレッジの蓄積 —— 020

1-5　顧客視点のマーケティングを支えるFAQサイト —— 023

1-6　FAQに満足した顧客のロイヤルティは圧倒的に高い —— 026

1-7　FAQは顧客の商品・サービス理解を深める —— 028

【コラム】お客様を10秒待たせることの焦り —— 030

第2章　FAQ が実現する効果の指標化 ··········· 031

2-1　FAQにおけるKGI/KPIの設計 —— 032

2-2　「問い合わせ80%削減」のインパクト —— 036

2-3　なぜCS向上につながるのか —— 043

2-4　会社全体への貢献を算定する —— 045

2-5　社内教育ツールとしての活用 —— 050

2-6　グローバルサイトにおけるFAQ —— 054

【コラム】FAQへの集客に取り組もう —— 055

第3章　FAQ を進化させる運用サイクル ········· 057

3-1　効果を出すための3つのポイント —— 058

3-2　課題が見える運用サイクル —— 060

3-3　完全自走化への挑戦 —— 063

【コラム】誰も教えてくれないFAQ —— 064

第4章　マインドセットから始めよう
〜意識化〜 ··· 065

4-1　「私たちはFAQをどう使うのか?」を定義する ── 066

4-2　誰のためのFAQなのか ── 068

4-3　意識が変わればFAQは進化する ── 069

4-4　FAQの主導権を握っているのはオペレータだ ── 072

4-5　熱意を込めて褒める ── 074

4-6　経験豊富なオペレータを推進役に ── 076

【コラム】コミュニケーションの質を高める ── 078

第5章　安定した運用を実現しよう
〜ルール化〜 ··· 079

5-1　個人に依存せず、組織として運用する ── 080

5-2　FAQには消費期限がある ── 081

5-3　前向きな改善・更新がFAQを進化させる ── 083

5-4　Excelデータのへそくりを活かす ── 085

5-5　ロジカルに件数目標を立てる ── 087

5-6　「手が空いた時にやろう」が現場を混乱させる ── 090

5-7　複数担当者で運用時の必須アイテム「表記ルール」── 092

5-8　コンテンツ作成を効率化しよう、道具がなければ作ろう ── 097

【コラム】独自性を褒める ── 099

第6章　FAQソリューションを効果的に活用しよう
〜ツール化〜 ··· 101

6-1　現場に合ったソリューションを選定する ── 102

6-2　ソリューション選定の評価軸 ── 103

6-3　FAQサイトに合わせた検索軸を設計する ── 107

6-4　オペレータエクスペリエンスを重視 ── 113

6-5　コンテンツの総合プロデューサーに ── 118

6-6　ソリューションが実現する、FAQの新たなカタチ ── 121

【コラム】コンサルタントが行うFAQサイトの評価 ── 125

Contents

第7章　輝くFAQコンテンツに磨き上げよう
〜ブラッシュアップ〜 ……………127

7-1　数値化と可視化が人を動かす ── 128

7-2　評価データを集めよう ── 131

7-3　社内利用でFAQが進化する ── 134

7-4　分析データに基づく、FAQのブラッシュアップ ── 136

7-5　作業時間とタスクを明確にする ── 148

7-6　Webサイトの改善につなげる ── 150

【コラム】FAQサイト運用担当者の個性を見つけよう ── 152

第8章　参照されなければ始まらない
〜FAQサイト・FAQコンテンツの作り方〜 ……………153

8-1　「誘導」がFAQコンテンツの価値を高める ── 154

8-2　公開サイトのベストプラクティス ── 157

8-3　FAQコンテンツの目標レベルを定めよう ── 161

8-4　カスタマー視点でタイトルを見直す ── 163

8-5　トラブルシューティングを制する ── 165

【コラム】アルファスコープのFAQサイト ── 175

第9章　FAQコンテンツの品質が成果に直結する
〜チャット／チャットボット〜 ……………177

9-1　チャネルとしての特性をつかむ ── 178

9-2　会話ログからFAQコンテンツ候補を自動作成する ── 184

9-3　チャットを進化させる分析機能 ── 186

9-4　チャットボットを支えるソリューション ── 190

9-5　FAQとの違いを知る ── 193

9-6　チャットボットに何を学習させるか ── 195

【コラム】FAQは企業が顧客に向き合う姿勢を決めるもの ── 198

第10章　FAQコンサルティング事例集 ……………201

10-1 FAQにおけるコンサルタントの役割 —— **202**

10-2 社内サイトと社外サイトはどちらから始めるべきか? —— **204**

10-3 アウトソーサーとFAQを構築するコツ —— **205**

10-4 増加する一方のPVを減らしたい —— **205**

10-5 短時間でFAQサイトを構築する注意点は? —— **208**

10-6 大量にある登録ネタは、どこから着手するか? —— **209**

10-7 Excel管理からの脱却が生む効果 —— **212**

10-8 FAQ運用改善の効果 —— **215**

あとがき —— **219**

著者紹介 —— **222**

第1章

FAQとは

1

1-1 FAQとは

　FAQとは、利用者が知りたい情報をQ&A形式で提供することである。日本語では「エフ・エイ・キュー」と読む。FAQサイトは、WebサイトでFAQを提供しているページのことを指す。

　英語では「Frequently Asked Questions」と記載し、FAQはその略語になる。直訳は「頻繁に尋ねられる質問」で、Webサイトでは「FAQ」「よくある問い合わせ」「ヘルプ」「困ったときは」などと、コーナーが設置されているケースが多い。FAQは、カスタマーが操作に行き詰った場面などにおいて、知りたい内容に対する回答を記載している状態のものだ。この「利用者が知りたい情報（Question）に対しての答え（Answer）」のセットが、1つ1つのFAQコンテンツとなり、Q&A（Question & Answer）と呼ぶこともある。

　ある質問に対しての回答が記載されているものがQ&Aであるが、FAQでは情報を単に羅列するだけでなく、利用者が知りたい情報を探しやすく体系的に整理することが求められる。FAQは「Q&Aを扱いやすく整理したもの」とイメージしてほしい。

■図1-1-1　FAQサイト運営を支援するFAQソリューション

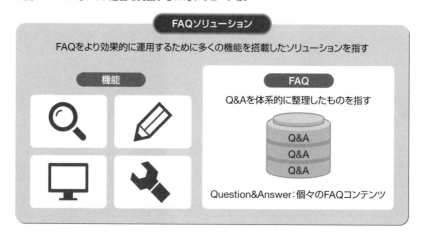

■図1-1-2　FAQサイトの認知度向上でよりセルフサポートが進む

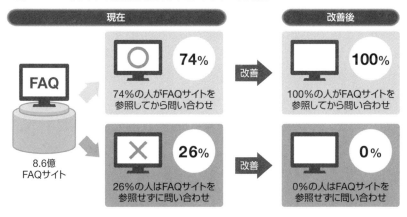

　また、FAQサイトをより効果的に運用するために、FAQを簡単に作成・編集できる機能や、FAQサイトの利用状況を簡単に分析する機能などを搭載したFAQソリューションが提供されている（図1-1-1）。FAQソリューションで構築するFAQサイトは、一般ユーザーが閲覧する公開FAQサイトと、コンタクトセンターのオペレータが利用するオペレータ向けFAQサイトに大別できる。前者は、各企業のWebサイトにあるFAQページでよく目にしているだろう。後者は、コンタクトセンターのオペレータが問い合わせ対応の際に利用しているものである。電話やメールでの問い合わせに回答するためのナレッジが蓄積されており、ベテランも新人も同じ回答ができるのは、このオペレータ向けFAQサイトを活用しているからだ。

　FAQは、とくにWebサイトにおいて必要性が高い。多くのWebサイトにFAQサイトが設置され、多くの人がFAQサイトを見てから問い合わせをしている。問題解決の方法として、FAQサイトを選択することが浸透しているということだ。昨今では、Webサイトには当たり前のようにFAQサイトが用意されているが、FAQサイトの進化と認知度が向上することで、図1-1-2のようにさらにセルフサポートが進むだろう。

　FAQサイトは会員登録や操作方法など、手順が複雑なものや、利用者のシステム環境によって操作が異なるものなどに有効である。例えば、会員

登録画面で、各項目に入力ルールがある場合はエラーになることが多い。その時にFAQサイトに、それぞれの項目についての入力方法の詳細が説明されてあると、その内容に沿って修正をして会員登録が完了できる。具体的には、会員登録でパスワードを設定しようとしたらエラーで登録できず、FAQサイトで調べてみると「パスワードは8文字以上で、英数字を含んでください」と表記されていて、そのルールに沿って登録し直したといったケースである。また、Webサイトによっては、利用者のOS（Operating System）やブラウザが異なると処理が正常に終了しない場合がある。その時にFAQサイトで検索をすると、推奨環境が提示されていて、最適なOS・ブラウザを選択し直すことで処理が正常に終了することもある。このように、FAQサイトとは利用者のセルフサポートを促進するものであり、FAQコンテンツはセルフサポートが期待できるシーンで用意したい。英語でFAQ（Frequently Asked Questions）と表記されるように、実際にはよく問い合わせをいただくものをFAQとして用意することが求められる。

　しかし、ユーザーの立場で、Webサイトで「困った」「知りたい」と感じたことについてFAQサイトを閲覧しても、正確な情報が手に入らなかった経験がある人も多いだろう。これは、企業側の立場で「必要だろう」と想定したシーンと、ユーザーが実際に「必要だ」と感じるシーンに相違があるためだ。また、企業側の都合でFAQコンテンツがなかなか掲載に至らないケースもある。企業側は掲載するつもりで準備をしていたが、社内承認に時間がかかって掲載されていない状態だ。つまり、ユーザーのセルフサポートを実現するためには「正確な情報を迅速に提供」することが必要だ。ただ単にFAQサイトを用意しているだけで、「FAQがない」「情報が古い」では、カスタマーの期待に応えられず、CS（Customer Satisfaction：顧客満足）低下につながりかねない。

　最後に、WebサイトとFAQサイト、またコンタクトセンターなどでの有人対応の違いを**図1-1-3**にまとめる。FAQサイトは、24時間「いつでも」参照でき、大勢の人が一斉に問い合わせをして電話がつながらないといった

■図1-1-3 FAQサイトと有人対応の役割

興味・利用 ＞	解決したいことがある ＞	必要な情報がない ＞	解決できなかった ＞	離脱

	Webサイト	FAQサイト	コンタクトセンター（有人）
提供範囲	不特定多数 （サイト訪問者）	不特定多数 （サイト訪問者）	個別対応
提供時間	24時間	24時間	営業時間内
カスタマー の期待	情報が分かりやすい 操作が簡単である	足りない情報が補完され ている 欲しい情報がある	心地よい対応 現実の問題に限らず、心情 の問題の解決
起こり得る 不満要素	説明が不足している 業界用語が使われている エラーが発生している 期待と違う	FAQがない 記載が分かりにくい 情報が古い	つながりにくい 対応が悪い 解決ができない
運営者	Webサイト運営事業部		カスタマー対応部署
情報更新の 必要時間	数時間〜数日の場合は カスタマー対応部署から 要望や指摘を受けて対応	数分で可能 （ASPサービス利用 を想定）	数分から

FAQは「いつでも」「多くの人に」「迅速に」情報を提供できるサイト

不満もなく、「多くの人に」「迅速に」新鮮な情報を提供できるという特徴を持っている。したがって、FAQサイトの強みである、「いつでも」「多くの人に」「迅速に」の価値を高めることが、FAQサイトの運営者に求められる責務といえる。

1-2 顧客が問い合わせに至る過程とFAQの位置づけ

　FAQサイトによるセルフサポートを目指す場合にあたっては、すべての問い合わせをFAQで解決できるようにしようと設計したり、すべての問い合わせをセルフサポートに促そうとするべきではない。図1-1-3で述べた、FAQサイトの位置づけと役割をしっかり認識して構築を進めたい。

　例えば、ECサイトの場合、Webサイト運営部門とカスタマーにとって最適な状態は、Webサイト上でスムーズに問題を解決でき、最終的な成約につながっている状態だ。カスタマーはWebサイトへ訪問し、商品を検索する。いくつかの検索軸を使い分け、欲しい商品を見つけ、在庫や配送条件／

配送料を確認する。会員登録が必要な場合は、会員登録を行って注文を終える。完了した注文は、マイページにログインして、購入履歴から状況を確認できる。以上の一連の手続きがスムーズに進めば、FAQサイトの閲覧も問い合わせも必要ない。

しかし実際には、例えばカスタマーによりWebサイトの利用環境がそれぞれ異なっていたりする。ブラウザの違いによって「操作できない」「画面が崩れる」といったことが発生する。日本国内では、Google ChromeやInternet Explorerの利用者が多いが、代表的なブラウザだけで10種類以上もある。Webサイト上だけで解決させようとすると、それぞれの入力／設定箇所で「Google Chromeをお使いの方は――」「Internet Explorerをお使いの方は――」と、すべて併記していく必要があり、情報過多によって必要な情報が埋もれてしまう「情報オーバーロード」が起きる可能性がある。

図1-2-1は、FAQサイトの位置づけを「処方箋」として示している。

まずはWebサイトで「適切な位置に」「適切な量で」情報を提供していこう。カスタマーが困る場面、困る場所に、それを解決する方法を示していきたい。

それでも解決できない場合は、FAQサイトへ誘導しよう。上述のようにブラウザによって操作が異なる場合は、1つの入力／設定箇所に、それぞれのブラウザの解決方法を羅列すると情報量が多くなるため、「ボタンが反応しない方はコチラへ」などとFAQコンテンツへのリンクを設定して、FAQサイトへ誘導しよう。より詳細な情報がFAQサイトで閲覧できると、Webサイトも情報オーバーロードにならず、スムーズだろう。

また、処方箋であるFAQサイトでは、どのFAQコンテンツがどの程度参照されたのか的確に把握できることが求められる。どのFAQコンテンツがどれだけ使われ、どの程度役立ったのかが分かれば、Webサイトの改善にもつなげられる。つまり、どの薬がどのくらい処方されたのかが分かれば、どの病気をどう予防できるかを考えることができるということである。

Webサイト上に情報を記載するだけでは、どの情報が多く閲覧されたの

■図1-2-1　FAQサイトは「処方箋」の位置づけ

問い合わせまでの過程は、病気になる過程と似ている

予防 商品ページ
適切な位置に、適切な量で情報提供していく

処方箋 FAQサイト
分からない箇所があれば、個別に問題を解決する

手術
個別のオペレーション 問い合わせ
予測できない個別の問題や、重大な問題を解決する

かが分からないが、FAQサイトで「会員登録画面が表示されない場合」の参照数が多いことが分かれば、「会員登録画面が表示されない人が多い」と推測できる。さらに、別画面表示によるポップアップブロックが原因と推測されれば、「会員登録画面へのリンク位置に、ポップアップブロック解除の方法を示したFAQコンテンツへのリンクを設置する」、もしくは「会員登録画面は別ウインドウ表示ではなく、画面遷移表示にする」といったWebサイトの改善を実現できる。この役割も意識して、FAQサイトへ誘導することを恐れずに、「適切な位置に」「適切な量で」情報提供を心掛けよう。

昨今、多くのWebサイトが問題なく利用でき、必要に応じてFAQサイトを利用することで問題解決できるのだが、場合によっては「問い合わせへの誘導」も重要だ。図1-2-1では「手術」と書いているが、個別のオペレーションにも対応しよう。例えば、食品を取り扱っているWebサイトの場合、食品に「異物混入」や「成分の掲載漏れ」が見つかった場合、直ちに公表することが重要だ。こうした際は、FAQコンテンツに「異物混入があった場合は、食べずに破棄してください」とセルフサポートにすべてを頼ってはいけない。多くの人がFAQサイトを閲覧しているため、FAQに「異物混入があった場合には、購入日・購入場所・製造日・賞味期限・どんな異物が入っ

ていたかの情報を添えて、下記の問い合わせまでご連絡にご協力をお願い
します」と、問い合わせ先を明記しておこう。問い合わせから、他のカスタ
マーに人体被害が出ないように対策することが最優先で、セルフサポート
を促してはいけない。

　FAQサイトの位置づけは、Webサイトと問い合わせ対応の中間にある。
また、WebサイトとFAQサイトはワンクリックで遷移できる場合が多い。
一方、FAQサイトから問い合わせ対応までの間には、時間の制約などもあ
り、すぐには移行できないこともある。そのため、WebサイトとFAQサイ
トを活用して、より多くのカスタマーがスムーズに問題解決につながる姿
の実現を目指したい。処方箋があるのに手にされずに離脱してしまうケー
スや、手術すれば解決できたのに離脱してしまうケースをなくすため、適
切な場面で処方箋を提示し、必要な場面では手術を提示していこう。

1-3　使えるFAQはよく整理された冷蔵庫

　FAQサイトへより多くのユーザーを誘導していくために、FAQを「冷蔵
庫」とイメージしてみる。よく整理された冷蔵庫のようにFAQサイトを構
築・メンテナンスできている状態を目指してほしい。

　図1-3-1は、冷蔵庫の要素と、それをFAQサイトに置き換えた時にどう
あるべきかを示している。まずは自宅で、誰もが簡単に見つかる場所に冷
蔵庫を設置したい。Webサイトで操作をしていて行き詰った時、FAQサイ
トがすぐに見つかるイメージだ。せっかく構築したFAQサイトを、多くの
人に参照してもらう最初のステップといえる。

　また、部屋の内装に合わせた冷蔵庫を選ぼう。WebサイトからFAQサイ
トに遷移した時に、違和感なく操作を続けてほしい。細かなデザイン設定
ができないFAQソリューションでは、WebサイトとFAQサイトのデザイ
ンが大きく異なり、違うサイトに訪れた気分になってしまうことがある。

　次に、冷蔵庫の中は、よく使うものを手に取りやすい状態にしよう。食品

■図1-3-1　コストをかけずに運用で改善できる8項目

No.	冷蔵庫イメージ	FAQイメージ	期待できる効果
1	目立つところに冷蔵庫がある	FAQサイトへのリンクがすぐに見つかる	FAQが見つからない不満を減少させ、電話の問い合わせを減少する
2	部屋の内装に合っている	FAQサイトもサイト全体のデザインに合わせてある	FAQサイトだけ違うデザインになっているなど、カスタマーの戸惑いをなくす
3	冷蔵庫がキッチンにある	問い合わせは必ずFAQサイトを経由している	「まずは問い合わせをする」というケースを減少させる
4	必要な食材は揃っている	よく入る問い合わせの内容はFAQで網羅されている	「知りたい情報が必ずある」という安心感を作ることができる
5	よく使う食材は手前へ	よく参照されるFAQはトップページに表出されている	手間をかけずに知りたい情報へ誘導することができる
6	ジャンルごとに分かれている	FAQは分類ごとにカテゴライズされている	メンテナンスのしやすいFAQサイトを実現できる
7	野菜は野菜室へ	探しやすい名称・並び順でカテゴリが構成されている	知りたい情報が探しやすいFAQサイトを作ることができる
8	商品名だけで中身が分かる	正しい言葉・サービス名でFAQが作成されている	ワード検索の精度が向上し、自己解決までのアクションが明確になる

を冷蔵と冷凍に分け、冷蔵のドアポケットには、調味料やドリンクをセットしたり、チルド室には魚や肉類を保管したり、引き出しや仕切りを活用して、欲しいものを取り出しやすい状態を目指そう。FAQサイトで、カテゴリ分けがされていなかったり、多くのFAQコンテンツが一覧で並んでいて探しにくいFAQサイトでは、多くのカスタマーが他のWebサイトへ離脱してしまう可能性がある。

　最後に、食材は常に賞味期限内のものを保管しよう。キャンペーンなど、期間限定のFAQコンテンツは、保管する期限に注意しよう。賞味期限切れの食材がいつまでも放置されている状態を避けよう。

　このようにFAQサイトを整理していく作業は、ただ単にカスタマーがFAQを参照しやすくなるだけではなく、FAQコンテンツのブラッシュアップの精度にも影響する。単純に食材を分けておくだけではなく、賞味期限が切れるタイミングが分かりやすい配置や、冷蔵庫の掃除を意識した整理ができているかどうかが重要になる。

カスタマーがFAQサイトにたどり着きやすく、FAQサイトで知りたい情報を探しやすい状態にしておく。古い情報は削除し、必要な情報を新鮮なうちに登録しておきたい。

自宅の冷蔵庫では、意識をせずとも、冷蔵庫を定期的に開き、賞味期限が近そうな食材を確認して、期限を過ぎていれば破棄する。よく使う調味料が切れそうであれば、補充する。1日に何回冷蔵庫を確認するという意識もなく、古い食材はなく整理されている状態を保てている。これをまず目指してほしい。

1-4 FAQは企業資産としてのナレッジの蓄積

FAQに各々のナレッジを蓄積していく目的はさまざまだ。

- オペレータの応対で活用するナレッジ
- カスタマーがFAQサイトで閲覧するナレッジ
- 社員育成を目的とした教育ナレッジ
- 就業規則や勤怠情報など、働くうえで必要なナレッジ

普段、企業においては、組織や個人が蓄積してきたナレッジを活用して日常業務に取り組んでいることだろう。さまざまな部門でナレッジは生成され、すでに退職した社員が生成したナレッジも蓄積されている。これらが今の業務を支えている。つまりナレッジは「企業資産」として運用・管理に取り組んでいくべきものだ。社員が創出したよいナレッジを表彰し、組織内で共有しているケースもある。

「担当者が退職したから」と業務が滞ることのないように、注意したいのは下記の点だ。

- ナレッジを個人のPCで管理せず、共有していく習慣づけ
- 社内でのよい取り組みを表彰し、さらにナレッジとして蓄積
- ナレッジの生成や運用までを考慮したミッション設計
- 結果だけに着眼せず、過程で得られたノウハウも成果物とする仕掛け

■図1-4-1　ナレッジが管理できていない体制

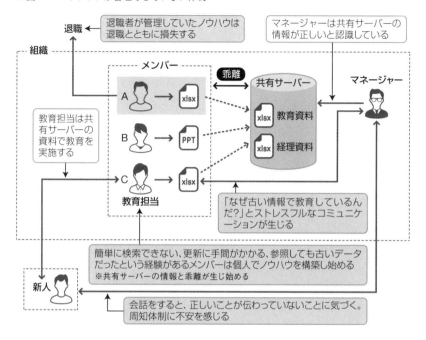

- 特定の人や部門の取り組みではない全社での意識づけ

　優秀な社員ほど、成果につながるノウハウを多く持っている。しかし、優秀な社員に頼ることなく、全員でナレッジを共有し、育てていき、お互いにナレッジを活用して業務に活かせている姿を習慣づけていこう。

　社内でのよい取り組みは、簡単に表彰だけして終わることのないように、ノウハウをナレッジとして蓄積し、それを誰もが簡単に取り出せる状態にしておきたい。

　図1-4-1に「ナレッジが管理できていない体制」を示した。社内・部門単位で共有サーバーがあり、カテゴリで管理されているものの、その情報は常に最新化される体制がなく、個人単位で必要な情報だけが切り取り管理されている。組織として、マネージャーは共有サーバーにある情報が正確だと思っているが、間違った情報はないとしても古い情報が蓄積されているだけになりがちだ。この状態が続いていくと、退職するメンバーが持っ

ていたナレッジは退職者が管理するファイルにあるため、退職と同時に組織にとって重要なナレッジまでも失ってしまう。新人への教育において、共有サーバーにあるナレッジを利用しようとしても古い情報が多く、最終的に教育担当が最新化・カスタマイズした情報で伝わっていく。マネージャーが新人と会話すると、新人は「教育担当はこれが正しいと言っていました」と言い、組織全体で最新で正しい情報を共有できていないことに不安が生まれる。ナレッジが最新化できていない原因を分析し、対策していこう。

　シンプルにナレッジを管理できる仕組みを作ろう。次の**図1-4-2**は、先ほどの図1-4-1にはなかった「FAQソリューション」が設置されている。共有サーバーにはなかった検索性、登録のしやすさがあれば、各自でファイルを検索するより「便利」で、各自でファイルに登録するより「便利」と、「便利さ」が実感され、その場にナレッジが集まるようになる。図1-4-1と比較

■**図1-4-2**　FAQソリューションでナレッジを管理している体制

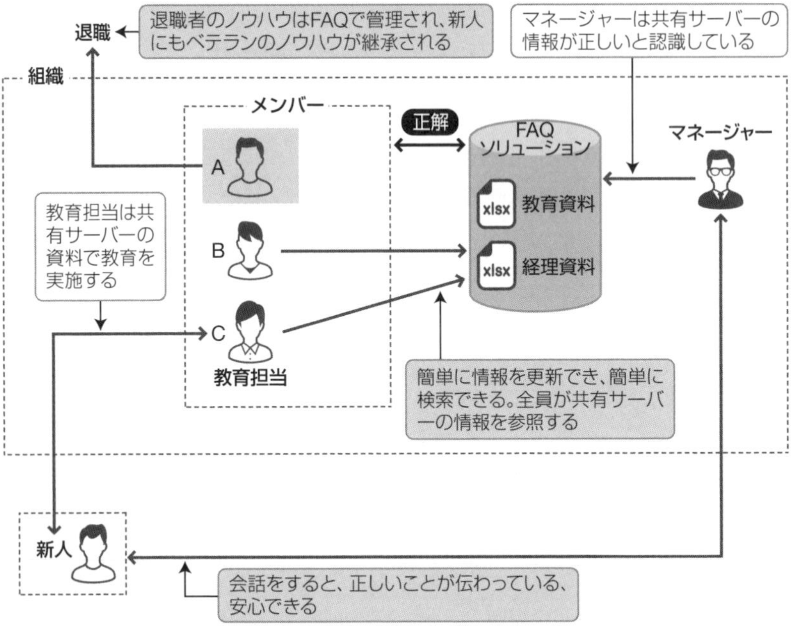

して、図1-4-2はすっきりしている。シンプルであるが、これで今までの課題が解決されていく。とくに退職者が持っていたナレッジもFAQソリューションに残っていくため、後から入ってきた新人も、以前に在職していたベテランのナレッジをいつでも学ぶことができる。

また、組織ナレッジを構築するうえで、業務設計の場面では、達成する結果だけにとどまらず、結果を得るためにどのナレッジを活用していくか、どのようなナレッジを新たに得ていくのかを意識していきたい。ナレッジはとくに、自分自身では大したことないと評価してしまうことも多いため、業務設計の段階で意識づけすることと、第三者から「それは新しい取り組みだ」などと評価してもらえる機会に持ち込める運用にしたい。

あらゆる業務プロセスにおいて、過去のナレッジから学ぶケースは多い。

1-5 顧客視点のマーケティングを支えるFAQサイト

FAQサイトは、マーケティングの観点でも重要だ。

Webサイトを構築する際に、マーケティングの観点でFAQサイトまで構築しているケースはどの程度あるだろうか？ Webサイトでは、集客・成約のための機能開発や、Webアナリティクス（Webサイトのアクセス解析）には時間を割いているだろう。FAQサイトは、カスタマージャーニー（顧客がどのように商品やブランドと接点を持って認知し、関心を持ち、購入意欲を喚起されて購買や登録などに至るのかという道筋を旅に例え、顧客の行動や心理を時系列的に可視化したもの）の視点で見た時に、そのタッチポイント（接触点）でカスタマーエクスペリエンス（顧客体験）を実現するための支援をしている。例えば「旅行に行きたい」とき、好みの宿泊先を選定し、旅行をして、その経験を他者へ推奨する。多くのカスタマーが、Webサイト上でホテルを比較検討し、好みのホテルを宿泊予約する流れの中で生じた「分からない」「知りたい」という情報を、FAQサイトが提供することで、カスタマーエクスペリエンスの実現を支援しているというこ

とだ。

図1-5-1にあるとおり、コンタクトセンターの運営や、FAQサイトの運営というカスタマーとの接点を全体的に見ると、コンタクトセンターの設置やオペレータの応対スキル向上への教育に力を入れるのと同様に、FAQサイトにも、より目を向けて注力していく必要がある。FAQサイトも、CS向上や再購入（リピート）につなげる施策の1つであるからだ。

もう少し詳しく見ると、カスタマーがWebサイトへ訪問し、何かを探し、見つける。詳細な情報を確認し、注文のアクションを取る流れだ。そのいくつかの場面で、「分からない」「知りたい」と思った情報を得る際に、FAQサイトへ誘導し、スムーズに解決できることが成約、つまり売上貢献になる。とくに競合が多い分野では、「分からない」「知りたい」と思った時にFAQサイトがないと、あえて問い合わせをせずに他企業のWebサイトへ流出することも想定できる。問い合わせへ誘導せずに、Web上で解決できる全体設計が必要だろう。

カスタマーが「知りたい」と思った場面で、より近い場所で解決策を提示できるのがFAQサイトであり、問い合わせ対応のコストよりも低額のため、Webサイトの収益貢献にもつながる。一般に、コンタクトセンターにおいてCPC（Cost per Call：1件あたりの問い合わせ対応コスト）は600円〜1,000円程度のことが多いが、FAQソリューションの1参照にかかるコストは、約2.5円程度（プラスアルファ・コンサルティング社が提供するクラウド型FAQソリューション「アルファスコープ」において10万PageView契約の費用より算出）と算定できる。より近い位置でカスタマーが答えを見つけることができ、かつ大幅なコストメリットがある。

「情報の探し方」や「申し込み方法」など、操作系の疑問はFAQで解決できることが多いため、FAQコンテンツの充実に取り組んでおきたい。一方、「欲しい商品がない」「配送料金が高すぎる」などは、セルフサポートができないため、FAQコンテンツから問い合わせへ誘導して、カスタマーの声を収集することへつなげたい。

■図1-5-1　マーケティングFAQ

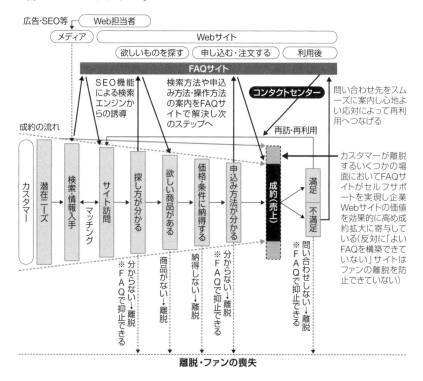

　また、第6章でも述べるが、一般にFAQソリューションには「SEO機能」が搭載されていることも多く、検索エンジンからFAQサイトを経由してWebサイトへ誘導することも可能だ。通常は、検索エンジンで検索した結果から、Webサイトへ訪問し、トップページにある全体のサービスから、利用したいサービスを選択していく流れだが、検索エンジンで検索した結果に、FAQコンテンツへのリンクがあれば、FAQコンテンツから該当のサービスに誘導することができる。

　例えば、「父の日のプレゼントを探したい」というタイトルで、ニーズに沿って適切なプレゼントを選択し、購入サイトへ遷移できるトラブルシューティング（分岐型）FAQコンテンツを用意したとする（通常のFAQコンテンツは1つの質問に対して1つの回答を提示するが、アルファス

コープでは、カスタマーの状況に応じて、複数の回答候補から最適な回答を提示できる分岐型設問／トラブルシューティング機能がある）。このFAQサイトで「SEO機能」を使用すると、検索エンジンにクローリングされて検索対象となる。そこで、あるカスタマーが「父の日 プレゼント」と検索すれば、他企業のWebサイトへのリンクと同様に、FAQコンテンツへのリンクも検索結果として表示される。カスタマーは、Webサイトのトップページではなく、FAQコンテンツにダイレクトに遷移し、表示されているトラブルシューティング（分岐型）FAQコンテンツに沿って、予算や父親の趣味などを選択していくと、「あなたのお父さまに最適なプレゼントはこれです。購入はコチラからどうぞ」とFAQコンテンツからWebサイトへ遷移する仕組みだ。

このように、カスタマーが何かを「欲しい」と思って、ブラウザを立ち上げたところから、成約につながるまでのすべて過程で、FAQサイトはそのカスタマーを支援している。結果、CS向上や売上貢献につながるのだ。マーケティング部門においても、FAQサイトの運用に力を入れていきたい。

1-6 FAQに満足した顧客のロイヤルティは圧倒的に高い

顧客があるブランドや商品・サービスに対して感じる「信頼」「愛着」を示す「顧客ロイヤルティ」は、マーケターにとって重要な指標になっているだろう。

ここでは、マーケティング4.0（フィリップ・コトラー氏が2014年に提唱した概念。顧客の自己実現欲に訴えかける手法）の考え方をもとに「顧客体験マネジメント」について講演やコンサルティングを行っている、ISラボ代表の渡部弘毅氏の資料に沿って説明する。**図1-6-1**は、企業へ行った実際の調査結果から得られた「FAQが顧客ロイヤルティ向上に寄与している例」だ。

この調査では、カスタマーに対して、NPS（Net Promoter Score：ベイン

■図1-6-1　FAQが顧客ロイヤルティ向上に寄与している例

小売り企業におけるコンサルティングプロジェクトにおいて、ロイヤルティ調査から2設問を取り上げアンケート結果のクロス分析を実施し考察。

非常に可能性が低い　　　非常に可能性が高い

0 1 2 3 4 5 6 7 8 9 10

批判者　　　中立者　推奨者

NPS ＝ 推奨者の率％ － 批判者の率％

＜対象設問1：ロイヤルティ調査（NPS）＞
XX（企業名）を仲のいい友人や家族に対して薦める可能性を10点満点でお答えください。

＜対象設問2：FAQへの満足度調査＞
FAQ（よくある質問回答集）閲覧の際の、操作性、機能性、コンテンツ等の、全体の満足度をお聞かせください。閲覧したことがない方は「閲覧したことがない」をチェックしてください。

＜クロス集計内容：FAQに対する満足度×NPS＞

FAQ満足度	NPS	
大変満足	71.8	A
満足	19.5	B
普通	-8.2	C
不満	-39.6	D

FAQを閲覧したお客様全体NPS（加重平均）**15.8%** F

FAQ閲覧経験なし	-2.8	E
顧客全体		G

◆全体の33.0%が閲覧経験あり

＜明らかになった各値の大小関係＞

A＞B＞F＞G＞E＞C＞D

高　　ロイヤルティ　　低

＜重要な事実＞
◆FAQを閲覧した顧客は閲覧していない顧客よりロイヤルティがかなり高い。(F＞E)
◆FAQ閲覧で満足した顧客のロイヤルティは圧倒的に高い。(A＞B＞G＞E)
◆FAQを閲覧していない顧客は全体顧客よりロイヤルティが低い。(G＞E)
◆FAQに満足を感じていない顧客のロイヤルティはかなり低い。(G＞E＞C＞D)
◆FAQを閲覧している顧客は全体の33%しかいない。

＜考察＞
◆質の高いFAQの構築はロイヤルティ向上に寄与する非常に効果的な施策であり、積極的に取り組むべき。
◆FAQ構築に伴い閲覧数を多くする施策（例：チャットボットU/Iの導入）を考慮した施策を実施することで、より広範囲の顧客のロイヤルティ向上が狙える。

出典：ISラボ　渡部弘毅氏　講演資料

&カンパニーおよびフレドリック・F・ライクヘルド氏が開発したロイヤルティ指標。企業やブランドに対する愛着・信頼の度合いを数値化する）と、FAQへの満足度を聞いている。例えば、ある宿泊施設を利用したカスタマーへ「この宿泊施設を友人に薦めたいですか？」と11段階で評価してもらい、0〜6点を「批判者」、7〜8点を「中立者」、9〜10点を「推奨者」とし、推奨者の割合から批判者の割合を引いた値がNPSの指標となる（推奨者の割合－批判者の割合＝NPS）。この数値が高ければ、他者への推奨意向が高く、収益性と連動すると考えられるといったことである。

　この調査では、FAQに対する満足度×NPSを行い、FAQを閲覧したカスタマーとそうでないカスタマーのロイヤルティの検証がなされている。

　図1-6-1に＜重要な事実＞とあるとおり、まず「FAQを閲覧したカスタ

マーは、閲覧していないカスタマーに比べて顧客ロイヤルティが高い」ことが分かった。また、FAQに満足したカスタマーのNPSは19.5で、大変満足したカスタマーのNPSは71.8と、FAQサイトの満足度が、高い顧客ロイヤルティに影響するというデータが得られている。

また、同様にFAQを閲覧すらしていないカスタマーの顧客ロイヤルティは低く、参照しても満足できなかったカスタマーは「顧客ロイヤルティが圧倒的に低い」結果となった。この調査において、FAQサイトの閲覧は全体の33%にとどまっていることを考えると、第8章で述べるFAQサイトへ「誘導」することが、いかに重要であるかが分かる。

顧客に信頼され、愛されるサービスであり続けるために、マーケターをはじめ多くの戦略立案がなされているが、FAQサイトが顧客ロイヤルティに大きく影響していることがこの結果から明らかになった。<考察>にまとめられているとおり、質の高いFAQサイトを構築し、FAQサイトへの誘導を強化することで、収益につながっていくと考えられる。逆に、ただFAQサイトを用意しているだけで、満足度の高いFAQサイトがなければ、顧客はそのサービス全体に不満を感じてしまうことになる。

1-7 FAQは顧客の商品・サービス理解を深める

FAQサイトで、顧客はよりその商品・サービスについて知り、Webサイト運営部門にとって理想的なカスタマーに育っていく。カスタマーはFAQサイトにあるFAQコンテンツを参照して、解決策を得るだけではなく、FAQコンテンツに記載された付加情報から、新たな知識を得るケースがある。

例えば、宿泊予約の際にキャンセル規定を確認しないカスタマーは多い。この場合、宿泊日の直前にキャンセルをしたところ、宿泊施設からキャンセル料を請求されることがある。この際に「キャンセル料を請求された」というFAQコンテンツに、キャンセル料の支払い方法を回答するだけではな

く、予約画面にあるキャンセル料の項目の見方まで記載しておけば、その
カスタマーはよりサイトの使い方を理解して、次からは同様のミスをしな
くなるだろう。またさらに、旅行業法に照らし合わせて、一般にキャンセル
料はどのような扱いになるのかなどを記載しておけば、カスタマーの旅行
に対する知識も深まる。取り扱っている業界のことや、サイトの使い方を
最も理解しているのは、Webサイトを運営している企業だ。FAQサイトを
情報発信の場として活用していくと、FAQサイトを通して、カスタマーは
より商品・サービスのことを理解し、業界のことを認識できる。さらに、親
切で信頼できる企業だと思ってもらえる可能性もある。

　FAQサイトのFAQコンテンツを参照していくことで、カスタマーに知
識が蓄積され、同じミスを起こさなくなるだけではなく、カスタマーにとっ
てFAQサイトが「問題を解決するだけの場ではなく、商品・サービスや業
界を理解する場である」ことが認知されていく。すると、より参照される回
数が増え、よりカスタマーが多くのことを知る機会になる。Webサイト運
営部門にとっては、セルフサポートが進むとコストダウンにもつながって
いくため、FAQコンテンツを充実させることの重要性がより認識され、
FAQコンテンツの拡充が進むよいサイクルが生まれる。

　FAQサイトを情報発信の場と捉えて、発信した情報の参照ログなどをモ
ニタリングし、カスタマーとのコミュニケーションを楽しもう。

COLUMN

お客様を10秒待たせることの焦り

　コンタクトセンターに電話をかけた時、「お待ちください」とアナウンスされて何秒程度待てるだろうか？

　電話対応の経験がなかった私が、研修で電話対応をして2人目のカスタマーは、かなりご立腹だった。その当時はFAQソリューションがなく、目の前に置かれたのは3冊の分厚いファイル。まだ、どこに回答があるか分からず、電話を保留してSV（supervisor）へ「どこに資料がありますか？」と確認をした。その時は、怒っているカスタマーを電話口でお待たせする1秒1秒が本当に長く感じられ、今でもその問い合わせ対応を覚えている。すぐにSVに案内する資料を渡してもらったが、この10秒間はとても長く感じた。

　一般的なビジネスマナーでも、「保留時間は30秒以内」と伝えられることが多く、電話で問い合わせをした多くの人は「保留は30秒から1分程度なら待てる」ということだが、場合によってはもっと短い時もあるだろう。

　今日もまた、このような中で日々、問い合わせ対応を行うオペレータがいて、私自身もこのような経験をして、1秒でも早く情報を検索できる仕組みを、現場のオペレータにも、カスタマーにも提供していきたいと考えている。

　電話がつながるまで待っている時間、質問をして回答を得られるまで待っている時間は、双方にとって嬉しくない時間だ。だからこそ、スムーズに問題解決できるセルフサポートへの期待が高まってきているのだろう。

第2章

FAQが実現する効果の指標化

2-1 FAQにおけるKGI/KPI設計

　第1章では、FAQサイトの役割や効果について説明した。第2章では、企業としてFAQに取り組む際、その方向性の意思決定に関わる内容を述べる。ここでは、KGI（Key Goal Indicator：ビジネスの最終目標を定量的に評価する指標）の設定と、KPI（Key Performance Indicator：目標達成度を評価するための評価指標）の設計が重要になる。

　FAQの取り組みで実現する目標（KGI）は、企業によってさまざまだが、例えばFAQソリューションの導入選定の際には、多くの場合でROI（Return On Investment：投資した資本に対して得られる利益）の算出が必要になる。図2-1-1は、FAQで実現できる効果と、その詳細を一覧にしたものだ。FAQソリューションの導入目的で一番多いのは『問い合わせ削減』だ。カスタマー向けの公開FAQサイトが大半だが、近年は社員向けに公開し、社

■図2-1-1　FAQの運用指標例

FAQの目的・効果	問い合わせ削減		
	自己解決が可能	エスカレーション案件	
目指す状態	FAQへの誘導により問い合わせを削減する	必要項目を明示してやり取りの回数を減らす	
効果対象	コスト	コスト	
指標（KPI）	特定事象の60%削減	やり取り平均2回	
いつまでに	6カ月後	12カ月後	
比較対象（現状）	特定事象が占める割合が全体の7割を占める	やり取りの往復が平均4回になっている	
算出ロジック	特定事象件数（前月比）×解決率×CPC	平均やり取り回数×総件数×工数（1メール）	
ツール	問い合わせシステム	問い合わせシステム	
測定方法	事象別件数の推移をモニタリング	事象別件数の推移をモニタリング	
測定サイクル	月初1日	月初1日	
達成への施策	FAQコンテンツの作成 カテゴリの見直し	特記事項欄の見直し 必要項目の見直し	
残課題	見られていないコンテンツのクリーニング	エスカレーションルールの見直し	

内ヘルプデスクのFAQサイトとして活用するケースも多くなっている。どちらも利用者のセルフサポートを実現し、問い合わせ対応のコスト削減を目指している。

　問い合わせ削減を目指す場合には、まずはコールリーズン分析を行って、セルフサポートが可能な問い合わせを抽出する。そのうえで、削減できる問い合わせの件数と、1件あたりの対応コストを掛け合わせることで算出できる削減効果（コスト）からROIを算出する。算出できたROIとFAQソリューションの運用コストを比較し、コストメリットがあればFAQソリューションを導入する方向で検討する。そのため、そもそも問い合わせ件数が少ない場合にはコストメリットがなく、FAQソリューションの導入を見送ることもある。月間10万円の運用コストがかかる場合、1件あたりの対応コストが1,000円と想定すると、月間100件の削減が可能かどうかかが、コストメリットの基準となる。

	CS向上		運用効率化	
	サイト訪問者数の向上	評価満足度の向上	運用効率化	業務集約
	検索時にFAQページも容易にリンクできる	参照されたコンテンツで解決できる	登録・更新作業をスムーズに実行する	CS部署でFAQを管理する
	CS	コスト／CS	コスト	コスト
	アクセス数2倍	解決率80%	5分以内／コンテンツ	運営部署へ確認しない
	12カ月後	6カ月後	3カ月後	1カ月後
	月間PV数1500PV／月	測定できていない ※ツールがない	20分／コンテンツ ※運営部署より	0.4人月の工数が全体でかかっている
	―	（問い合わせ削減に吸収）	登録・更新数×15分×単価（人月）	0.4人月×単価（人月）
	FAQツール	FAQツール	FAQツール	業務報告書
	FAQ分析メニューからデータを取得	FAQ分析メニューからデータを取得	登録・更新件数と全体工数から算出	運営部署との業務工数から算出
	月初1日	月初1日	月初1日	月初1日
	SEO対策 コンテンツ数拡充	評価項目欄の見直し 評価数向上イベント	操作トレーニング実施 登録フォーマット整備	運営部署の業務ヒアリング
	契約PV数の見直し 効果測定の手法整備	アンケート実施時期・タイミングの見直し	作業時間（タイミング）と作業者の任命	運営部署との業務移管ミーティング

コンタクトセンターで問い合わせ削減を目指す場合、上記に加えて「やり取りの回数を減らす」効果も含めよう。第1章で「FAQは処方箋の位置づけだ」と述べたが、問い合わせへ誘導する際に「この情報を添えて問い合わせをお願いします」とFAQコンテンツに記載することで、カスタマーはその情報を添えて問い合わせてくる。せっかく電話がつながっても、手元に必要な情報がないと再度電話をかけ直すことになる。あらかじめ情報を用意してもらえれば、カスタマーにとって早い解決につながり、コンタクトセンターでも複数のやり取りが1回で完了できるので、コストメリットを得られる。

これは問い合わせ削減効果の算出と同様に、コールリーズン分析を行い、やり取りが複数回行われている事象に対してFAQコンテンツを用意し、平均のやり取り回数を何回に減らすかを指標（KPI）として設定する。その後は同様に、それにかかる時間をコストに換算してROIを算出すればよい。

問い合わせ削減に続いて多い目的は『CS向上』だ。一般公開サイトを運営している企業では、カスタマーがFAQサイトを利用することで適切な情報を得られて、再利用につながっている状態を目指す。

FAQサイトはあるが、多くは参照すらされずに問い合わせにつながっているケースでは、「サイト訪問者数の向上」を指標に設定する。カスタマーが利用しやすいFAQサイトを構築し、FAQコンテンツを充実させていくことで、困った時にまずFAQサイトを訪問している状態を目指す。この際、PV数などのアクセスログをモニタリングしていくことなる。

もしくは、FAQコンテンツの「評価満足度」をモニタリングするケースもある。FAQコンテンツには、その内容で「解決できた」「解決できなかった」の評価軸があり、カスタマーがそのFAQコンテンツで問題を解決できたのか否かを指標とする。これは結果的に問い合わせ削減につながる場合もあるが、主眼は問い合わせ削減ややり取りの回数削減ではなく、FAQコンテンツ全体の質を向上していくことが狙いだ。

多くのカスタマーに、まずFAQサイトに訪問してほしいという課題があ

る場合も「サイト訪問者数の向上」を指標とし、どれだけのカスタマーが
FAQサイトでFAQコンテンツを参照しているかを分析する。参照には至っ
ているものの、FAQコンテンツの評価が悪い場合は「評価満足度の向上」
を指標とし、参照したFAQコンテンツでカスタマーがセルフサポートを実
現できているかどうかを分析していく。

　『FAQ運用効率化』を目指したい場合は、FAQソリューション導入によ
る登録・更新や分析の工数を指標とする。FAQコンテンツをHTMLで記述
している場合、画像やリンクの挿入に多くの時間を割かれているケースが
ある。キャンペーンなどで、あるFAQ運用担当者が1カ月、FAQコンテン
ツ作成に付き切りになるケースもあった。また毎月、定期報告のためにPV
数や参照数をログデータから手作業でグラフ化する場合も同様だ。これら
の業務は、FAQソリューションの一機能で簡単にFAQコンテンツを登録・
更新でき、分析機能を使って容易に集計・グラフ化が可能になる。これによ
り削減できる業務時間をコスト換算しよう。

　また、FAQサイトの運用をWebサイト運営部門から移管することで効
率化できる業務を数値化しよう。詳しくは、第4章3節で述べるが、Web
サイト運営部門へFAQコンテンツの作成を依頼しているケースなどが該
当する。

　これらの指標は組み合わせてもよい。問い合わせ削減が主な目的であっ
ても、削減できる問い合わせ件数だけでなく、運用面でFAQコンテンツの
登録・更新の時間を削減できることもある。FAQソリューションの効果検
証には、得られる効果をすべて盛り込もう。

＜検証事例＞
KGI：1年で5,000,000円（500万円）のコスト削減

- 問い合わせ総数：1,200件／月間
- セルフサポートが可能な問い合わせ：600件／月間[※]
- 複数回やり取りがある問い合わせと平均回数：200件、3.2回／平均[※]
- FAQコンテンツ作成時間：50分／1コンテンツ平均

- FAQに関する問い合わせ打合せ：2時間／月間
- 問い合わせ対応コスト：1,000円／1問い合わせ
- 人件費：2,500円／1時間（オペレータ）

※ コールリーズン分析のうえ、該当する対象を算出

上記の問い合わせ状況にあった場合に、下記の目標設定を行う。

- 削減する問い合わせシェア：60％
- 目指す問い合わせ回数：1.5回／平均
- FAQコンテンツ作成時間：20分／1コンテンツ平均

上記から、下記のコスト削減の効果設計を行う。

問い合わせ削減：1,000円×（600件×60％）＝360,000円／月間

簡略化による削減：1,000円×（200件×（3.2 − 1.5）回）＝340,000円／月間

業務効率化による削減：2,500円×（50件×（50 − 20）分）＝62,500円／月間

業務集約による削減：2,500円×2時間＝5,000円／月間

合計：767,500円／月間×12カ月＝9,210,000円（921万円）

　上記のコスト削減効果からFAQソリューションの利用料を引いた金額がプラスであれば、コスト削減効果が期待できるものと設計できる。FAQ運用の効果を幅広く検証し、複数の指標を数値化することが重要だ。事例では、問い合わせ削減だけの効果を試算するより、実際にはさらに大きな効果を得られることが分かる。

2-2 「問い合わせ80％削減」のインパクト

　FAQの効果検証の指標はいくつかあるが、導入目的で最も多い『問い合わせ削減』に絞って深く述べていきたい。問い合わせ削減を実現するために、用意すべきFAQコンテンツと、削減できた問い合わせ件数の算出方法を説明する。

　図2-2-1は、「効果的なFAQサイト」と「非効果的なFAQサイト」の違いを示している。まず、問い合わせ削減に重要なのは、FAQコンテンツの件

■図2-2-1　非効果的なFAQサイトと効果的なFAQサイトの違い

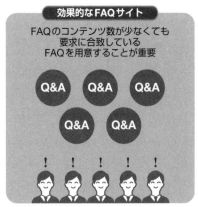

数ではなく、カスタマーがセルフサポートできるFAQコンテンツを漏れなく用意していることだ。第3章1節で詳しく述べるが、コールリーズン分析によってセルフサポートが可能な事象を選定し、その問い合わせのパターン数が必要なFAQコンテンツ数となる。

コールリーズン分析に基づいた削減できる問い合わせの割合によって、効果はWebサイトごとに異なってくる。例えば、問い合わせの90％以上がセルフサポート可能であったFAQサイトでは、結果的に80％の問い合わせ削減を実現できるが、問い合わせの40％しかセルフサポートが可能でない場合には、最終的に8％の削減効果にとどまることになる。

このように、どのFAQサイトでも80％の問い合わせ削減が可能になるわけではないが、削減に強く影響するのは「問い合わせの想起（予測）」だ。FAQコンテンツは、通常、過去の問い合わせデータをもとに順次作成していく。定期的に入る問い合わせに対しては、FAQコンテンツを作成した段階から効果を発揮していくが、突発的なトラブルや短期間のキャンペーンでは、問い合わせが入ってから作成していると、公開した時点ですでに古いFAQコンテンツとなり、効果が得られなくなる可能性が高い。

そこで重要になるのが「問い合わせの想起」である。問い合わせが入る前に、FAQコンテンツを作成する。簡単ではないが、ベテランのオペレータ

など、問い合わせ対応経験が豊富なメンバーは、「きっとこういう問い合わせが入るだろう」と想起することが得意だ。ここで重要なポイントは、「普通はこれくらい言わなくても分かるだろう」という先入観を持たないことだ。例えば、ビジネス系のイベントを開催すると、「会場には何を着て行けばいいですか？」「道が分からなくなったら、どうすればいいですか？」「遅刻してしまったら会場に入れますか？」という問い合わせが実際に多い。同様のイベントを何回か経験することで、こうした場面想起が可能になってくる。あるイベントで、こうした想定FAQを事前に作成・公開したところ、以前まで同様のイベントで数十件の問い合わせが入っていたが、問い合わせがゼロになり、登録・公開したFAQコンテンツの参照数が大きく増えたという事例もある。

　このように、セルフサポートが可能な問い合わせ内容を分析し、場合によって「想起」しながら、FAQコンテンツを素早く登録・更新していくと効果が飛躍的に向上する。

　FAQサイトによる問い合わせ削減の効果検証を行う際に、単純に問い合わせ数の推移だけ見ても正確な分析ができない。問い合わせには季節変動があることと、また新しいサービスが始まった月には問い合わせが増える傾向があり、単純な問い合わせ数では正確な評価ができないためだ。そこで「問い合わせ率」による評価を行う。

　図2-2-2は「問い合わせ率」の算出手順だ。まずは問い合わせ数に連関する指標を見つけよう。売上金額、予約数、会員数、退会数、キャンセル数など、Webサイトで得られる指標の中から、問い合わせと同じ推移をたどっている指標を探し出す。問い合わせ数と、ある指標が高い相関関係にあるかどうかは、Excelの数式を使用すれば簡単に算出可能だ。問い合わせの数値と、ある指標の数値を選択し、「correl（相関係数を求める）」関数を使用する。この結果、強い相関にある「0.7以上」の数値が得られれば、連関する指標と考えてよい。

　この指標は、予約数などですぐに見つかる場合もあれば、特定の指標を加

■図2-2-2 「問い合わせ率」の算出手順

【手順1】問い合わせ数と連関する指標を見つける

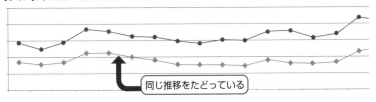

【手順2】問い合わせ率を算出し季節変動を除外する

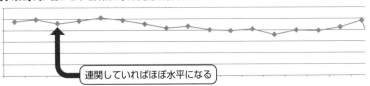

【手順3】トレンド値を算出する

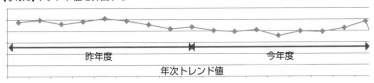

【手順4】想定問い合わせ率から、実績との誤差を算出する

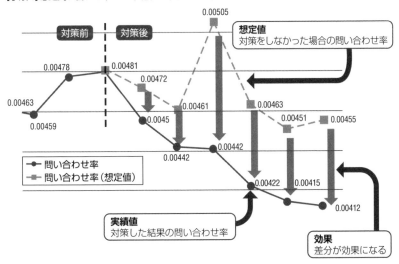

■図2-2-3　参照数をもとにした「FAQサイトのブラッシュアップの例

NO	名称	件数	自己解決
	問い合わせコールリーズン		
1	ユーザID忘れ	248	可能
2	ユーザID再発行	183	可能
3	WEBサイトの使い方	341	可能
4	画面崩れ	18	－
5	商品検索方法全般	198	可能
6	商品の見方	73	可能
7	商品のリンク切れ	9	－
8	商品の値段	221	－
9	配送料金の見方	16	可能
10	配送料金トラブル	6	－
11	配送業者トラブル	12	－
12	パスワード忘れ	484	可能
13	パスワード再発行	388	可能
14	支払い方法全般	93	可能
15	その他料金トラブル	36	－
16	商品掲載希望	11	可能
17	広告掲載希望	21	可能
18	コンプライアンス関連	1	－
19	運営担当部署への問い合わせ	2	－
20	企業への問い合わせ	1	－

問い合わせ数
ユーザID関連（先月→今月）
412件　↗432件

参照数増加
問い合わせ増加

問い合わせ数
パスワード関連（先月→今月）
687件　↗873件

参照数減少
問い合わせ増加

工することで得られる場合もある。例えば、ECサイトでは、Webサイトの利用や購入が深夜の時間帯というケースも多く、その場合は翌日の日中に問い合わせをすることが想定できる。あらゆる指標を設定しても強い相関になかったが、商品購入数を1日後ろへずらし、「今日の問い合わせ数」と「昨日の商品購入数」で相関係数をみることで、強い相関を得られる場合もある。

　手順2では、手順1で見つけた指標を使い、問い合わせ数÷指標の数値をグラフ化して、ほぼ水平になっていることを確認する。この時点で、ほぼ水平になっていれば、季節変動や新キャンペーンなどの変動も加味できている。これはすでに変動要素を加味している指数をもとに算出しているためだ。

　手順3では、トレンド値を算出する。Webサイトは、Webサイト運営部門で、常に検索性やUIの改善が行われているため、とくに操作系の問い合わせが多いWebサイトでは、FAQコンテンツの充実に関わらず問い合わせが減少傾向になる。FAQサイトの運営に関係なく、上下したトレンド値を算出しよう。算出方法は、手順2で算出した、問い合わせ数÷指標の数値

コンテンツID	タイトル	参照数（先月→今月）	
19	ユーザIDは何桁ですか？	65	101
291	ユーザIDを忘れてしまいました。	176	212
212	ユーザIDの再発行方法を知りたい。	45	109
	合計	286	↗422

参照数が増加して、問い合わせも増加した場合は、
FAQコンテンツの解決影響度が低いことが想定される。
→コンテンツのブラッシュアップを実行

コンテンツID	タイトル	参照数（先月→今月）	
29	パスワードは何桁ですか？	87	54
119	パスワードを入力できません。	12	32
121	パスワードに数字は必要ですか？	20	12
201	パスワードの再発行方法を知りたい。	89	87
202	パスワードロックされてしまいました。	59	68
	合計	267	↘253

参照数が減少して、問い合わせが増加した場合は、
FAQコンテンツの参照数を上げる施策が重要。
→トップページへの表出改善を実行

を使用する。起点となるのは、FAQの対策を開始した時点だ。例えば、FAQの対策を開始する過去1年前から過去2年前までの問い合わせ率の平均が「0.0054」で、FAQの対策を開始した時点から過去1年前までの問い合わせ率の平均が「0.0048」だった場合、0.0054 ÷ 0.0048 = 1.125がトレンド値となる。

手順4では、手順2で得られた問い合わせ率と、手順3で得られたトレンド値を使用して、FAQの対策をしていなければ「こうなっていただろう」という想定の問い合わせ率が算出可能になる。具体的には、手順2で見つけた指標を使用して、FAQの対策を開始した後の仮の問い合わせ率を算出する。そこに、手順3で得られたトレンド率を割ることで想定値を算出できる。手順4のグラフでは、四角の点線が該当する。FAQサイトの運用を開始してから、実際の問い合わせ率と想定値との差分が実績になる。これがFAQサイトの運用によって得られた削減効果だ。

しかし、どうしても問い合わせ率を求める指標が見つからない場合や、

あるいは問い合わせの季節変動を考慮する必要がない場合がある。この際は「参照数×解決率」で簡易的に求めることも可能だ。

この方法では、FAQコンテンツの内容を参照して問い合わせをせずに済んだかどうかの「評価データ」を使用する。すべてのカスタマーが評価をしないため、全員が同じ解決率だったらと仮定して算出する方法だ。例えば、FAQコンテンツの評価が100件あり、解決できた＝60件、解決できなかった＝40件であれば、解決率は60％となる。また、FAQコンテンツの参照数が1,000件であれば、評価数は100件だが、1,000件参照中の60％は解決できたと仮定して、1,000×60％＝600件を削減効果として算出する。これは簡単に算出できるが、評価件数が少ないと削減効果の振れ幅が大きくなるため、注意が必要だ。

必要なFAQコンテンツをFAQサイトへ公開し、問い合わせ率をもとに効果検証してみよう。想定したとおりに効果が得られていない場合は、次の検証を進めてみよう。

図2-2-3は、特定のコールリーズンとその参照数、また問い合わせ数の変動から、次のアクションを決める表だ。必要なFAQコンテンツはすべて登録できている状態であるから、次は対象を絞ってアクションを決めていく。

コールリーズンの一覧から「ユーザID関連」や「パスワード関連」と分類して、その問い合わせ数の推移を表にしよう。図2-2-3では、「ユーザID関連」「パスワード関連」ともに、先月より問い合わせが増えている状態だ。次に、そのコールリーズンに関連するFAQコンテンツの参照数を一覧化する。「ユーザID関連」でセルフサポートに影響するFAQコンテンツは3つ、「パスワード関連」でセルフサポートに影響するFAQコンテンツは5つあり、その参照数の合計も表にする。すると「ユーザID関連」の参照数は、先月より増加していて、「パスワード関連」は参照数が減少していることが分かる。

参照数が増加して、問い合わせも増加している場合は、解決できる内容ではなかったと想定して、内容のブラッシュアップに努めよう。参照数が減少して、問い合わせが増加している場合は、FAQコンテンツがまず参照

されるように、FAQサイトのトップページの「注目のFAQ(任意でFAQコンテンツを表出する機能)」「よく利用されているFAQ(参照数が多いFAQコンテンツが自動で表出される機能)」「新着FAQ(更新日が近いFAQコンテンツが自動で表出される機能)」を活用して、表出強化に取り組もう。

　場合により、「ご意見フォーム」の活用も検討できる。Webサイトによっては、問い合わせの中で、利用後に「ただ伝えたいだけ」というケースが多い場合がある。カスタマーも返答を期待しておらず、返答しても確実に反応がないケースだ。このコールリーズンの問い合わせ削減は、ご意見フォームを設置し、「いただいたご意見はサービス改善に役立てさせていただきます。弊社からの返答はいたしません」と記載しておこう。ご意見フォームによって問い合わせ対応の負荷を削減できる。ただし、この施策は企業のCSポリシーの事前確認が必要だ。ただフォームを設定することを、企業で禁止している場合もあるためだ。

　このように、問い合わせ削減を実現するには、必要なFAQコンテンツを登録し、問い合わせ率や解決率で効果検証を行う。効果が出ていないコールリーズンに対しては、FAQコンテンツのブラッシュアップか表出強化に取り組んでみよう。

2-3 なぜCS向上につながるのか

　FAQサイトの運用目的で、問い合わせ削減に続いて多いのは『CS向上』だ。とは言え、FAQサイトがなぜCS向上につながるのかはイメージしづらいと思う。ここでは、FAQサイトとCS向上の関連について述べる。

　一般的にCS向上施策というと、満足度アンケートをカスタマーに実施し、結果に対してPDCAサイクルを回していくことだ。例えば、飲料メーカーなどでは、「お客様の声をもとに改善しました」と製品改善につなげ、カスタマーに情報発信をしている。コンタクトセンターでは、応答率(電話をかけてオペレータにつながった率)の向上、途中離脱率(保留中にカスタ

マーが電話を切ってしまった率）の削減、いただいた問い合わせへの回答
時間短縮（何時間以内に回答するか）などがCS向上につながる。

　図2-3-1は、FAQソリューションによってCS向上につながる要素を示し
ている。顧客満足度調査や製品改善のようにモノが変わる、またはカスタ
マーに直接働きかけるものではないが、FAQサイトや問い合わせ対応に効
果を発揮して、CS向上へとつながる。

　まずは、オペレータがカスタマー対応をする際に、情報を検索しやすく
なる。また、案内する情報に信頼性があることだ。あるコンタクトセンター
では、オペレータが回答するためのFAQコンテンツを数千件登録している
が、カスタマーの問い合わせに対して、その中から最適なFAQコンテンツ
を素早く検索するためには、豊富な検索軸があることが重要だ。そして、
FAQコンテンツに公開期間を設定して情報の鮮度を保つことや、オペレー
タが常にFAQコンテンツを評価し合えることで、古い情報や間違った情報
のブラッシュアップができる。そのFAQコンテンツへの信頼性のもと、オ
ペレータが安心してカスタマー対応ができる。加えて、カスタマーが問い
合わせの際に期待する、「迅速」な回答、「正確」な情報提供、またいつ誰が案
内しても同じ回答ができている状態を実現するのをFAQソリューション

■**図2-3-1**　FAQソリューションとCS向上の関係

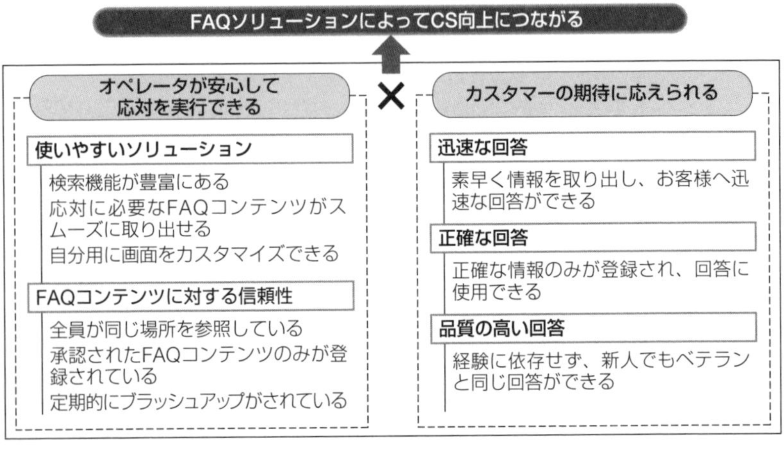

FAQソリューションによってCS向上につながる

オペレータが安心して 応対を実行できる	×	カスタマーの期待に応えられる

使いやすいソリューション
- 検索機能が豊富にある
- 応対に必要なFAQコンテンツがスムーズに取り出せる
- 自分用に画面をカスタマイズできる

FAQコンテンツに対する信頼性
- 全員が同じ場所を参照している
- 承認されたFAQコンテンツのみが登録されている
- 定期的にブラッシュアップがされている

迅速な回答
- 素早く情報を取り出し、お客様へ迅速な回答ができる

正確な回答
- 正確な情報のみが登録され、回答に使用できる

品質の高い回答
- 経験に依存せず、新人でもベテランと同じ回答ができる

044

■図2-4-1 CPC(Cost Per Call)を利用して会社全体に対する貢献を算出する

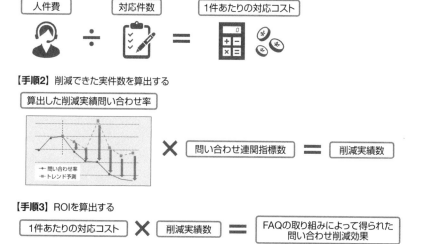

は支援している。

「オペレータが安心して応対を実行できること」と「お客様の期待に応えられていること」を、オペレータ向けFAQサイトとカスタマーが利用する公開FAQサイトで実現できれば、CS向上へつながっていくという仕組みだ。

2-4 会社全体への貢献を算定する

　FAQサイトの運営による、会社に対しての「貢献価値」を算出しよう。

　第2章1節で述べた「KGI/KPI」に沿って、FAQサイト運営の目的を定め、得られた効果を数値化する。とくに「問い合わせ削減」が目的の場合は、何％削減できたのかという数値から、いくらの効果が得られたのかが、会社への報告では必要になるケースが多い。

　まず、第2章2節で求めた「FAQサイトの運営を開始してから、実際の問い合わせ率と想定値との差分」から削減効果を算出してみよう。

　図2-4-1の手順1で、CPC（Cost Per Call）を求める。人員削減が目的の

■ 図2-4-2 貢献価値のモニタリングシート

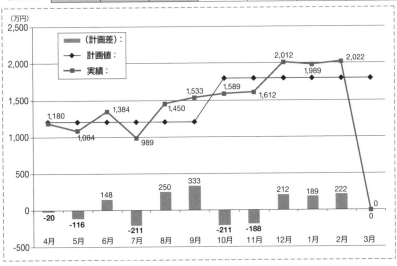

場合は、人に関わるすべての費用が対象になるので、人件費にはオフィスの賃料なども忘れずに含めよう。1名にかかるコストから、1名あたりの平均対応件数を割ることで、1件あたりの対応コストを算出できる。月間1名あたり50万円の人件費だったとして、1カ月に平均500件の対応実績であれば、50万円÷500件＝1,000円が1件あたりの対応コストになる。

手順2では、第2章2節で算出した問い合わせ率から、削減できた「問い合わせ数」を求める。例えば、想定の問い合わせ率が「0.0505」で、実際の問

KGI評価		
当月： 達成 →	半年計画： 達成 →	年間計画： 達成 →

↓★当月 （単位：万）

	8月	9月	10月	11月	12月	1月	2月	3月
	1,200	1,200	1,800	1,800	1,800	1,800	1,800	1,800
	1,450	1,533	1,589	1,612	2,012	1,989	2,022	
	250	333	-211	-188	212	189	222	

【KGI結果コメント】
目標値に対して+222万で、目標達成。
貢献利益実績は前月比+33万。

【KPIの考察／振り返り】
実績値の増加要因は、「参照数の増加」と「解決率の向上」の2点。
参照数の増加では、先月比で大きく減少した〇〇サイトが回復し、新規導入サイトも想定より
+120%の数値となった。
季節変動要素のある△△サイトでは、予約数の増加によって問い合わせが増加するところ、FAQ
の参照が順調に増加し、評価の結果も+118%UPだった。
全社ALLでは、評価数が順調に増加していて、評価コメントも的確な修正ポイントが入力されてい
るためブラッシュアップを実施しやすい環境になっている。

【KPIの考察／振り返り】
解決率の高い△△と低いサイトとの検証を同時に行い、評価→FAQコンテンツのブラッシュアッ
プ運用も4月〜開始する。評価率の向上にCS向上を目指す。

い合わせ率が「0.0441」だった場合、差分は「0.0064」だ。その得られた差分に、
問い合わせ率を算出した指標を掛け合わせよう。問い合わせに連関する指
標が「予約数」だった場合、この月の予約数が10万件であれば、10万×0.0064
＝640件が「削減できたと想定できる問い合わせ数」だ。

手順3では、ここまでに得られた数値を掛け合わせてコスト換算する。
上述の例では、1,000円（CPC）×640件（削減できた問い合わせ件数）＝
640,000円となる。この手順を、問い合わせ削減を目指しているコールリー

■図2-4-3 KGIに直接／間接的に影響するKPIの例

第一階層	第二階層	指標の内容	KGI影響	P/L影響	
導入サイト数	運用中	アルファスコープを導入・運用しているサイト数	直接	有	
	提案済	新規導入を提案したサイト数（打合せ済）	間接	—	
	事業内決裁	新規導入で事業内決裁を取れたサイト数	間接	—	
	新規導入サイト数	新規導入が完了し、カットオーバーできたサイト数	間接	—	
参照数	全体平均	1サイトあたりの平均参照数	間接	—	
	参照数合計	合計参照数（平均参照数×月ごとの導入サイト数）	直接	—	
解決率	全体	「参考になった（自己解決）」の評価率	直接	—	
	評価数	全体の評価数	間接	—	
	CS運用サポート数	カスタマー対応部門でFAQサイト運用を行っているサイト数	間接	—	
参照率	全体平均	1PVあたりの参照数平均（1名あたり何回参照しているか）	直接		

　ズンごとに行い、集計すると合計金額が算出できる。こうして求めた金額を会社に対して「貢献価値」として伝えていきたい。これが、FAQサイトの運用を行ってきた運用担当者、オペレータの成果である。

　図2-4-2は、FAQサイトの運用目的が「問い合わせ削減」であり、また全社内でFAQ運用業務を統合していった場合を例にしている。なお、問い合わせ削減数は、参照数×解決率で行っている。

　グラフは、計画値と実績値だ。年間で削減すべき目標値に対して、各月でモニタリングを行う。FAQコンテンツの拡充や、Webサイト上での改善によるFAQサイトへの誘導強化などが見込まれている場合は、FAQサイトの効果も高くなるため、計画値に見込んでおこう。

　算出ロジックで、「1PVあたりの参照数」で割っている理由は、1人が複

対策可否	施策内容(対策可否：有の場合)	モニタリングのポイント・懸念事項・残課題
施策有	新規事業企画部への導入提案	導入サイト数(契約PV)×月額利用料 ※社内貢献費用の算出
施策有	導入計画に沿って、プレ資料をもとに提案する	—
施策有	事業内決裁に必要となる導入効果分析などを支援(実行)	—
—	—	—
モニタリング	—	—
施策有	離脱防止(0件ヒットワード対策)	—
施策有	「解決できなかった」コンテンツの表記修正	—
モニタリング	—	評価数を一定数得るようにして解決率の精度を検証
施策有	事業課題を把握し、運用を巻き取る方向で調整	—
モニタリング	—	ノーアクション離脱は考慮していない

数のFAQコンテンツを参照していることを考慮するためだ。また、イニシャルメリットとは、複数部署で運営していたFAQ運営業務を集約することで得られた金額を指し、主に人件費があてはまる。導入コストメリットとは、新しいサービスを立ち上げる際に、すでに導入しているFAQソリューションへ相乗りすることで得られる金額を指し、主にFAQソリューションの初期費用があてはまる。

　算出ロジックで得られた効果を実績として、毎月、振り返りを行う。この場合、参照数×解決率が効果となるので、参照数の増減、解決率の上下動については振り返りが必要だ。どのようにFAQコンテンツを参照している人が多いのか、増えているのかを知ることで、より解決率の高いFAQコンテンツを用意していくべきかを考えるといった取り組みである。

図2-4-3は、KPIを一覧化し、その指標がKGIに直接影響するか、間接的に影響するのかを示している。また各項目で、改善努力ができるものとそうでないものも区別しておきたい。例えば、新しいサービスのリリースやカスタマーの評価数は、FAQサイト運用担当者ではコントロールできない。

Webサイト運営部門やコンタクトセンターでは、カスタマーからの反応や声によってFAQサイトの効果を実感できる。経営層への報告の場では、定性的な評価に加えて、定量的にFAQサイトの運営効果を可視化して伝えていこう。

2-5 社内教育ツールとしての活用

新人・異動者向けの教育ツールとして、FAQサイトを活用するケースが増えている。これで得られる効果と、その施策について説明する。

図2-5-1は、FAQサイトを活用したことで「新人の独り立ち」への時間を大幅に短縮できた実例だ。独り立ちの基準は、コンタクトセンターによって異なると思うが、ここではオペレータがSVやベテランへ手を挙げずに1人で対応できた問い合わせの割合をモニタリングしている。

コンタクトセンターの問い合わせ対応業務以外では、反対に、新人が先輩へ質問した回数や、正しく資料へ記載できずに先輩が訂正したり、新人へフィードバックしたケースなどをモニタリングする。新人・異動者が、ナレッジが整備されていれば自己解決できたであろう機会をカウントしよう。

図2-5-1では、60%を独り立ちのラインとしているが、2カ月目に大きく比率が増加している。FAQコンテンツの量にもよるが、FAQソリューションの検索方法に慣れ、どのようなFAQコンテンツが登録されているかをイメージできるのは2カ月目が目安といえる。その後、80%まで上昇したセルフサポート率は、64.3%まで下降する。これは問い合わせ対応の制限（二次対応はしないなど）を解除したことで、新たにエスカレーション対応をする機会が増えたためだ。ただ、これも2カ月程度経過したところで上昇

050

■図2-5-1 あるメンバーの自己解決率の推移

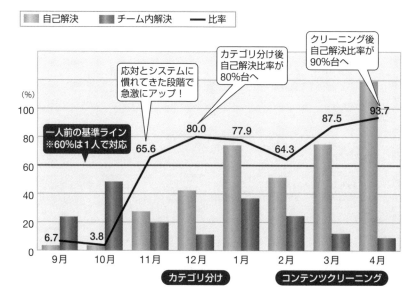

する。新たなFAQコンテンツも、どこに登録されているのか、どのワードで検索すればよいのかを想起できるようになったためだ。

　さらに、カテゴリ分けの見直しと、FAQコンテンツクリーニング（一定期間参照されなかったFAQコンテンツを不要なものとして削除すること）も実施している。最初の2カ月で新人が感じた「カテゴリ内のFAQコンテンツの探しにくさ」をもとに見直しを行った。後半では同様に、新人が感じた「情報の過不足」も見直した。運用担当者がベテランの場合、習慣からくる「何を改善すればよいのかが分からない」ケースもあるため、新人・異動者の気づきは貴重だ。

　結果、93.7％までセルフサポート率は向上した。以前は60％を超えるまで約6カ月かけていたが、大幅な短縮が実現できた。この効果の背景にあるポイントは「場面の創出」と「時間の活用」だ。

　まずはFAQソリューションに触れる「場面」を作ろう。

　1つは、日常生活で役に立つFAQコンテンツを充実させる。新人・異

■図2-5-2 教育プログラム資料「FAQサイトが解決してくれること」

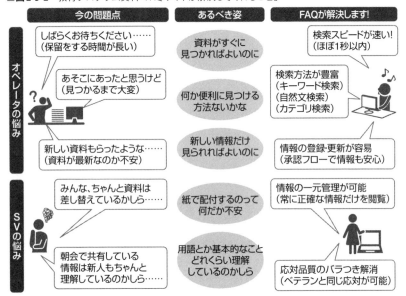

動者は、新たな業務を覚える以上に、新たな会社・組織の風土やルールに気を配っている。ゴミの出し方、コピー機が故障した場合の対応、体調不良で休む際の連絡方法など、不安に思うことが多い。これらをFAQコンテンツとして登録しておき、業務以外でもFAQソリューションに触れる場面を作ろう。

　もう1つは、教育プログラムに組み込むことだ。業務ツールであるから、FAQソリューションの使い方を学ぶ場面を作る。図2-5-2は、「FAQが解決してくれること」だが、FAQソリューションがどのような課題を解決するために導入されたのか、その導入背景を共有しよう。そして、図2-5-3「基本的な検索方法」で、カテゴリを絞り込み、ワードを入力して追加で絞り込み、探し直すなど、FAQソリューション利用の基本的な流れを伝えよう。

　次に、FAQソリューションに触れるための「時間」を作ろう。新人・異動者の教育プログラムでは、教育担当者が多忙なため、一日のプログラムに

■図2-5-3　教育プログラム資料「基本的な検索方法」

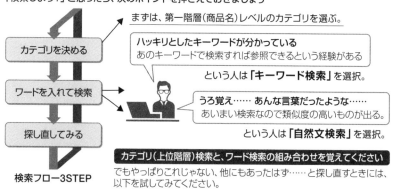

空き時間ができてしまう。新人・異動者が多い4月は、教育プログラムを早めに策定できるが、人員補充が背景にある場合、人員が欲しくて途中採用したほどの状況であり、教育に費やす時間の確保は難しく、時間設定の自由度は低い。

　そこで空き時間にFAQソリューションを活用して、教育に充てるのだ。FAQコンテンツは、業務に関するナレッジが中心だが、前述した業務以外のFAQコンテンツも検索して覚えていく時間に充てよう。例えば、「来訪者がきた場合の対応」「電話機の使い方」など、企業独自のルールは新人や中途採用者にとって重要なナレッジだ。これらのナレッジを、FAQコンテンツのクイズ形式にしてみよう。質問欄に「来訪者がきた場合の対応はどれが正しいか？」とし、評価欄にある選択肢から対応方法を選択したり、評価コメント欄に回答を入力して、点数をカウントする施策も面白い。

　動画を活用して、各教育プログラムの動画を参照してから、クイズに答えて合否を出すことも可能だ。動画を用意しておくメリットは、復習した

い教育プログラムを自分自身で選択して再受講できるからだ。教育ツールとしてでも、FAQコンテンツは常にブラッシュアップされていく。その情報をスムーズに検索できるようになることで、業務の生産性や正確性に活かされていくはずだ。

2-6 グローバルサイトにおけるFAQ

　企業によっては、Webサイトを日本向けと海外向けに展開している場合がある。この際はFAQサイトも同様に、日本向けと海外向けの構築が必要になる。

　一般に、海外企業のWebサイトは情報量よりも製品画像などを大きくしたインパクトの強いページ構成であり、日本企業のWebサイトは丁寧に情報を羅列する傾向がある。一方、FAQサイトはまったく逆の傾向がある。

　主要な海外ECサイトを見ると、FAQサイトはほぼテキストのみで、情報がシンプルに羅列してあるが、日本のECサイトは画像案内やリンク設定が多くなっている。グローバル展開している企業のWebサイトでも、海外の「Help」「FAQs」はシンプルな記述にとどめ、日本のサイトへ遷移すると「FAQ」「Help」は画像が多用され、説明がとても丁寧にされている。

　最近は、日本でいくつかのグローバルサイトを統括して運営するケースも多い。FAQソリューションで、日本語・英語の両方で検索可能な機能が搭載され、いくつかのサイトをマルチに運営できる機能も整備されたことが背景にある。機能の進化で、運用に変化が生まれたわけだ。

　また、海外のWebサイトでは、FAQサイトではなくSNSの活用が進んでいる。そして、チャットの入り口は常に表示されていることが多い。チャット／チャットボットの活用については第9章で述べるが、グローバル展開している企業のWebサイトでは、FAQサイトを含めた、カスタマーのセルフサポートの導線と機能を構築する必要がありそうだ。

COLUMN

FAQへの集客に取り組もう

FAQコンテンツは、参照されてこそ効果が出る。

せっかく作成・更新したFAQコンテンツがまったく参照されないと、とても悲しい。どうやって参照数を増やそうか、悩むところだ。

社内運用では、社員に「見なさい」と言えば済むが、言われて検索されるのも悔しい。そこで**図**のように、ログイン画面を一定期間ごとに変えてみると反応がよかった。「新しい画像になっているのでは？」とワクワクしてログイン画面を開く、そんな習慣づけが楽しい。

公開サイトでは、FAQサイトへのリンク名称を分析してみた。各企業のFAQサイトへのリンク名称を調べると、「FAQ」「Help」「よくあるご質問」「よくある問い合わせ」「操作マニュアル」などさまざまだ。「どの名称が、ここにFAQサイトがあると想起しやすいか？」のアンケートを取ったところ、「よくあるご質問」と「FAQ」の割合が多かったため、両方を併せた「FAQ／よくあるご質問」を推奨している。

FAQコンテンツにたどり着くまでの「入り口」を整備していくことで、FAQコンテンツの参照数の増加も期待できるだろう。

■図　一定期間ごとにトップページを模様替え

第3章

FAQを進化させる運用サイクル

3-1 効果を出すための3つのポイント

　第2章では、企業としてFAQをどのように活用するのかについて述べた。第3章では、ユーザーに必要とされるFAQサイトを構築するために、現場の運用設計に踏み込んでいきたい。

　誰もが、FAQサイトを運営すれば「効果を出したい」と考えるはずだ。その効果を測る指標は、設定したKGI/KPIをモニタリングしていくことになるが、最終的には「カスタマーに喜ばれているFAQサイト」が「効果を出しているFAQサイト」と言える。

　では、カスタマー視点での「よいFAQサイト」とは何か？　ここでは、顧客がサービスを評価する"決定的瞬間"に着目した「MOTサイクル（Moment of Truth）」（顧客満足度に影響するサービスを提供する決定的瞬間）に基づいて考えてみる。

　まずFAQサイトは単体では存在しない。企業のWebサイトや製品ホームページの一部として存在し、利用している中で「分からない」「知りたい」とカスタマーが思った瞬間に、FAQサイトへすぐ誘導できるかどうかが最初の条件だ。そしてサイトへ訪れた後は、FAQを検索する、FAQを参照する、参照したFAQを評価する、再訪した際に評価したFAQが改善されている——というように顧客体験が推移していく。この顧客体験の1つ1つが「決定的瞬間」となる。それぞれの瞬間でカスタマーは、「このFAQサイトは分かりやすい」と感じたり、「このFAQサイトは使えない」とWebサイト自体から離脱していく。

　決定的瞬間に、よりよい顧客体験を提供するための具体的なFAQサイト、FAQコンテンツの作成手法は、第8章で詳しく述べる。よりよいFAQサイト、FAQコンテンツを作成しようと考えた時、FAQソリューションの一機能で解決できることと、運用ノウハウで解決できることがある。本章では、その「運用ノウハウ」を中心に解説したい。

　筆者は、効果を出せていないと感じられるFAQサイトを数多く見てきた

が、その運用には共通する３つの特徴があるようだ。

①FAQコンテンツ数がサイトの評価軸になっている

②FAQ運用にのみ、独自ルールが多く存在している

③FAQ運用担当者の評価制度がない

　FAQソリューションを導入する際に多く質問を受けるのが、「FAQコンテンツはいくつ作ればいいですか？」「他の企業ではどのくらいFAQコンテンツを用意していますか？」といったものである。しかし、FAQコンテンツ数によってFAQサイトを評価することはできない。必要なFAQコンテンツとは、カスタマーがセルフサポートできる問い合わせ内容に対してのFAQコンテンツであり、そのFAQコンテンツ数は企業やサイトごとに大きく異なる。極端に言えば、１カ月に１万件の問い合わせを受けるコンタクトセンターがある場合、その問い合わせが同じ内容であればFAQコンテンツは１件（１種類）でよく、異なる１万種類の問い合わせを受ける場合には１万件（１万種類）のFAQコンテンツを用意する必要がある。つまり、セルフサポートが可能なコールリーズンのパターンの数だけ揃えなければならないということである。言い換えれば、最適なFAQの数は、コールリーズンを分類してみなければ分からない。むやみにFAQコンテンツの作成目標を立てても、ただ現場が疲弊していくだけだ。まずは、問い合わせ分析から着手すべきだろう。

　また、FAQ運用だけの独自ルールが、効果が出ない運用につながっている場合がある。過剰な承認フローが、FAQサイトの質を下げているケースも少なくない。しっかりと教育・研修を受けて、メール回答のスキルを十分に習得しているオペレータが作成しているにもかかわらず、FAQサイトにFAQコンテンツをアップする際に、何層にもわたる承認フローが必要だったり、文面チェックが入ったりする。過剰な承認フローは、FAQを作成する側と承認する側を疲弊させていくだけだ。承認に時間がかかることで、カスタマーに新鮮な情報が届けられず、問い合わせも減らない。結果、「FAQに時間をかけても効果が出ない」という結論に至ってしまう。

　効果を出している企業やサイトの多くは、FAQコンテンツ作成メンバー

を幅広く設定し、気づいた人が情報を作成、必要最小限の承認フローでスムーズに情報を公開している。最近では、「まずはお客様へ情報発信すること」を重要視した結果、承認フローをまったく設定しないケースも出てきた。

　効果を高める運用サイクルを回すためには、「運用担当者の評価」が不可欠だろう。一般に、FAQ運用が片手間で行われ、業務のミッションやKPIに組み込まれていないケースは少なくない。このため、時間をかけて取り組んでも、誰も見ていないし、誰も褒めてくれないということが起こりがちだ。結果、誰もFAQ運用に手を付けることがなくなり、FAQサイトの質が下がるというスパイラルに陥っていく。こうならないように、FAQコンテンツの作成数はもちろん、作成したFAQコンテンツがどれだけの人に参照されたのか、カスタマーの評価が良かったFAQコンテンツの数などをしっかり管理し、フィードバックすることが重要だ。

　多くのコンタクトセンターでは、常にカスタマーとオペレータのことを考え、CS向上とES向上に多くの時間を割いて、さまざまな取り組みが行われている。FAQサイトの運用でも同様に、喜ばれるFAQをカスタマーに提供するために、FAQ運用を業務のミッションに設定することが肝要である。

3-2 課題が見える運用サイクル

　コンタクトセンターでは、新製品がリリースされる、既存製品がリニューアルされるなど、管理する情報の変化が著しい。また、コンタクトセンター自体の体制が年次で見直される場合も少なくない。このような変化が激しい状況だからこそ、カスタマーに喜ばれるFAQサイトを提供し続けていくために、解決すべき課題を見つけたい。

　図3-2-1は、FAQサイトを進化させていくための「FAQサイト運用サイクルの構築」だ。私自身が、数多くの企業サイトやFAQサイトを運営し、コンサルティングを行ってきた中で、FAQ運用の現状把握と運用の課題を見つけることを目的に作成したものである。

■図3-2-1　FAQサイトの運用サイクル

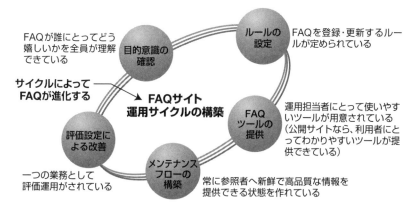

　運用サイクルの各項目は、1項目ずつ独立せず、サイクルになっている。これは、ある課題を解決すると、他の項目にも良い影響を与えることがあるためだ。例えば、キャンペーン期間限定のFAQコンテンツを登録・削除するルールがないという課題があり、「FAQコンテンツを一定期間ごとに公開／非公開の設定変更をする」という運用ルールを策定したところ、FAQソリューションの一機能で簡単に設定変更が可能になり、運用の手間が簡略化できたというケースがあった。サイクル全体の中で、課題の発見から解決まで取り組むことが重要だ。課題対策の効果が表れるまでの期間は、数週間から数カ月と広い。すぐに効果が得られなくても、数値を正しくモニタリングして継続することが重要だ。

　運用サイクルを構成する各項目については、第4章から詳しく述べるが、FAQ運用の課題をプロットすると、大半は「目的意識の確認」に該当する。そのため、運用サイクルは「目的意識の確認」から現状調査を行い、対策を講じていくのがスムーズだろう。

　「目的意識の確認」「ルールの設定」に続く、「FAQツールの提供」「メンテナンスフローの構築」は、FAQソリューションに搭載されている諸機能が関係する。例えば、FAQコンテンツをHTMLで登録する必要があるが故に、担当者が限られて登録が進まないなどの問題は、誰もが簡単に登録・更新

できるエディタ機能で解決する。キャンペーンの開始時刻にFAQを手動で更新していた面倒は、自動で公開／公開終了できる公開期間設定機能で解決できる。次にどのFAQコンテンツを優先的に作成・登録すればよいか悩んでいたところを、0件ヒットワード分析（FAQサイトで検索した際に「検索結果がありませんでした」と表示された状態を分析し、FAQコンテンツの追加や修正につなげる分析機能）で解決する。単純にHTMLでFAQを記述しているだけでは、どれだけの人が参考にしているかが分からない場合には、全体傾向分析でモニタリングする。こうしたさまざまな課題は、FAQソリューションの豊富な機能で解決できる部分が大きいだろう。

　一般にコンタクトセンターのオペレータは、カスタマーからヒアリングした複数の情報から、最適な回答を提供している。これをFAQサイトでセルフサポートにつなげるには、トラブルシューティング（分岐型設問）機能がある。この機能については、第8章で詳しく述べる。

　このようにFAQサイトの運用サイクル全体に対して、高性能なFAQソリューションの機能と運用ノウハウの両方が求められる。以前は、FAQソリューションの検討項目で「コスト」「機能」が重要視され、安価で簡単にFAQコンテンツを登録できることが求められていた。しかし、最近ではFAQコンテンツが煩雑に管理されている、オペレータが各自でFAQコンテンツを管理しているなど、FAQコンテンツの整理が重視される傾向にある。それは、安価なソリューションを導入したものの効果が出なかったことが課題視された結果、「機能」「運用ノウハウ」が重要という認識が高まってきたということだ。とくに、新しいFAQソリューションを導入するタイミングでFAQサイトの再スタートを切りたいという要望も多い。

　FAQのKGI/KPIが現場に周知されていて、運用のルールが設計できている。それを実施していくための体制が整えられていて、その運用をスムーズに実現するための充実した機能がFAQソリューションに搭載されており、得られた分析データからFAQサイトやFAQコンテンツのブラッシュアップが迅速に進んでいく。また、各担当者の評価も定期的に実施されて

おり、各担当者の高いモチベーションがさらにこのサイクルを高速化させていく。結果、カスタマーに喜ばれるFAQサイトが提供できている。これが目指す姿だろう。このモデルケースをイメージして、各項目で解決したい課題を見つけていく。効果が出ていないと感じた場合は、運用サイクルに照らし合わせて、具体的な課題を見つけてほしい。

3-3 完全自走化への挑戦

　第1章で「使えるFAQはよく整理された冷蔵庫」だと述べた。家庭内で家事の役割分担を決めているケースでも、「冷蔵庫を整理する」担当はなかなか聞かないのではないか。「気づいた人が綺麗にする」というだけで、とくにルール化せずとも「消味期限が切れた食材があれば捨てる」という行動を無意識に継続していけば、自ずと整理された冷蔵庫となる。

　FAQサイトも同様だ。"気づいた担当者がメンテナンスしている状態"を目指してほしい。この状態に至るには、全員が同じ方向に進んでいくための運用体制やルール化などが不可欠だ。FAQの運用サイクルによって、FAQサイトが"自走化"し、とくに管理者が働きかけをせずとも、各自でFAQサイトを常にメンテナンスする状態になるだろう。管理者がまず目指すところは、FAQサイトが冷蔵庫のようにメンテナンスされる仕組み作りをすることだ。その意識があれば、ルール作成やメンバーへの働きかけを行う際に、どのように伝え、どこまでルール化すればよいのかがイメージできるはずだ。

　最近では、1企業1Webサイトではなく、製品やサービスごとに複数のWebサイトを運営しているケースが増えている。WebサイトごとにそれぞれのFAQサイトが存在し、1人の管理者が複数のFAQサイトを運営しているケースも少なくない。複数のサイトを運営する場合も、共通した運営ルールとサイトごとに設定する運営ルールが整理できていれば、効率的な運用が可能になる。1人の管理者が数十サイトを同時に管理することも、決して不可能ではないだろう。

COLUMN

誰も教えてくれないFAQ

　かつて、私がFAQソリューションの導入担当となって、最初に取った行動は「インターネットでの書籍の検索」だった。世界中には数多くのFAQサイトがあるため、それなりのノウハウもあるはずだと考えたのだ。

　実際に、ホームページの作成に関する書籍は多数あり、「マーケティング」や「SEO」で検索すれば「──の教科書」「はじめての──」と、何冊ものノウハウ本が出てきた。ただし、「FAQ」「Q&A」で検索しても活用できるノウハウ本がない。何度検索しても見つからないので、「このままでは、まずい！」と感じたのを今でも覚えている。

　参考書籍が見つからず、教えてくれる人もいない中で、経験を積み上げ、ノウハウを築いた。しかし、それを周囲に展開しようとしても、現状からの運用変更に対するネガティブな反応ばかりが返ってきた。それは、「何年もかけて体に染み込ませた『この資料は、あのドキュメントファイルにある』という知識が無駄になってしまう」というものだった。確かに無駄にはなることもあるが、オペレータにとってより便利になること、カスタマーに喜んでもらえることを熱い気持ちで伝えていくうち、周囲の反応は変わっていったことを記憶している。

　FAQの管理を見直すことの重要性を熱く伝えること──これが最初に学んだ運用ノウハウだ。

第4章

マインドセットから始めよう

~意識化~

4-1 「私たちはFAQをどう使うのか?」を定義する

多くのコンタクトセンターでは「クレド」のように、カスタマー対応の意味や目的を明文化し、応対品質向上や生産性向上などの視点で課題を設定した、業務運用ルールが策定されている。

これまでFAQの運用コンサルティングを行ってきた中で、FAQサイトを運用している管理者が「誰のためにFAQサイトを運用しているのか」を自ら語れる人が少ないことに気づいた。運用管理者が言葉にできなければ、現場の担当者は「なぜFAQサイトを運用しているのか」をもっと理解できていないだろう。多くの運用ルールを設定し、多機能なFAQソリューションを導入しても、よいFAQサイトにはつながらない。

まず、代表的なFAQサイトの使い方は3通りある。

①業務活用型

②学習ツール型

③情報蓄積型

業務活用型は、FAQソリューションによって、現在の業務をより効率化するための使い方だ。コンタクトセンターでオペレータが利用する場合も、これに含まれる。

学習ツール型は、FAQソリューションを学習・研修ツールとして使う方法だ。コンタクトセンターに限らず、マーケティング部門、総務部門などでも活用できる。主に新人や異動者向けに、組織で理解しておくべき業務ルールを学ぶための使い方だ。

情報蓄積型は、情報を一元化する目的で使う方法だ。企業の共有フォルダに近いイメージだが、各社員が保有しているExcelなどの情報、各部門で運用している規定など、分散している情報を1つのデータベースに集約して管理する。共有フォルダと異なり、検索性が高く、閲覧権限設定などが容易なため、FAQソリューションをナレッジソリューションとして選択する場合もある。

FAQソリューションの使い方を明確にしておく理由は、「誰が、誰のために、どの業務を、どう改善したいのか」という目的によって、FAQコンテンツの作り方や運用ルールの策定方法が異なってくるためだ。

　業務活用型で、オペレータの応対用FAQコンテンツを想定すると、カスタマーからの問い合わせに対する問題解決を目的としたFAQコンテンツが主流になるため、タイトルは「パスワードを忘れたので再発行したい」という記述になる。学習ツール型の場合、「カスタマーから個人情報をヒアリングする場合の手順」など、オペレータが実行したいことがタイトルになる。情報蓄積型の場合、「エスカレーション先一覧」など、情報の概要やファイル名がタイトルになることが多い。

　FAQコンテンツを作成するトリガー（trigger／きっかけ）も異なる。業務活用型では、カスタマーからの問い合わせやWebサイト運営部門からの新サービスの情報提供などが登録・更新のタイミングになる。一方、学習ツール型では、教育FAQコンテンツは常に見直すものではなく、年1回～2回のタイミングになるだろう。トリガーを明確にしておく必要性にもつながる。

　このように、FAQコンテンツの書き方が変われば、作成者向けの運用ルールや承認者が承認するポイントも変わってくる。運用の細かいルールを設定する際には、まずはその企業で「FAQをどのように使うのか？」を明確にして、それを運用管理者、現場の運用担当者へ周知することが必要だ。これを疎かにすると、学習ツール型の導入なのに「1週間に1人5つのFAQコンテンツを作成する」などの運用ルールが先行し、現場では毎週無理やりにFAQコンテンツを絞り出す運用が始まる。ノルマのために価値の低いFAQコンテンツが大半を占めていく、悪いスパイラルに陥りかねない。学習ツール型の場合であれば、FAQコンテンツの評価データや、新人・異動者研修で収集した受講者アンケートはしっかりと保管していくことにして、年に1回、教育担当部門でその内容をFAQコンテンツに反映することが負荷の少ない運用につながる。「私たちはFAQをどう使うのか？」を定義して、現場へ伝えていこう。

4-2 誰のためのFAQなのか

　FAQ運用管理者が気をつけたいコミュニケーションに、「現場で働くメンバーのためにFAQを導入した」という言葉がある。そうではなく、セルフサポートを目指している場合は、「オペレータ向けFAQサイトはマネージャーのため、SVのためにある」ことを忘れてはいけない。

　FAQソリューションに限ったことではないが、新たにクラウドソリューションを導入する場合、ROIの算出から、社内稟議、運用の見直しなどを完了した時点がスタートラインだ。初めての取り組みであれば、ソリューション提供会社との打合せを重ね、「これがオペレータの業務改善につながれば」という想いの中で苦労した結果の導入だ。

　「オペレータがカスタマーに迅速に回答するために」「新人でもベテランと同様のノウハウを活用できるように」と想いを込めるほど、「FAQサイトは現場のため」と思い込んでいく。だから、FAQの登録・更新、利用が進まないと、「なぜ使ってくれないのだろう」と悩んでいる運用管理者をよく見る。

　オペレータが活用するFAQサイトは、図4-2-1にあるように、分からないことを各々がマネージャーやSVに確認するのではなく、FAQソリューションで各自が自己解決することで、組織全体の工数を削減する。しかし、オペレータにとっては、人に聞くことと、ソリューションで検索することに大差はない。新人にとって、「忙しそうなSVに聞きづらかった」ことの解消になるが、場合によっては目の前にいるSVに手を挙げた方が早く回答を得られる時もある。

　それでもFAQソリューションを活用したい目的は、図4-2-1にあるとおり、マネージャーやSVの「何人からも同じことを聞かれる」業務負荷を軽減し、削減できた時間をメンバー育成やマネジメントに充てていくためだ。また、人に聞いた場合には得られない「検索や回答のログ」を蓄積し、FAQコンテンツの改善につなげていくことが可能になるからだ。

　それを理解しないまま、オペレータにFAQ運用を指示していくと、運用

■図4-2-1　FAQはマネジメントのために導入しよう

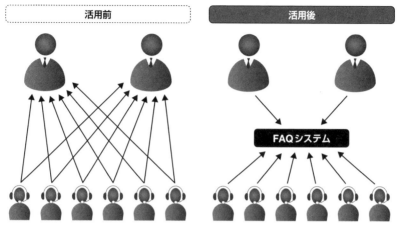

管理者と現場で想いのすれ違いが発生してしまう。「FAQサイトはマネージャーやSV（いつも質問を受ける人）のためにある」ことを念頭に、オペレータに協力をお願いするスタンスで取り組みたい。

4-3　意識が変わればFAQは進化する

　FAQサイト運用の関係者は、コンタクトセンター部門だけではない。FAQサイトに関係する人々が、FAQサイトに対する意識を変えていくと、企業内で「新しいFAQサイト」の姿を構築できる。

　FAQソリューションの導入検討を進める際に、「全社でFAQサイトが重要だという声が高まってきました」と話す人は、実際にはほぼいない。大半は、コスト削減や情報の煩雑な管理などの課題が先に挙がって、その解決策としてFAQソリューションの導入を進めることになる。そのため、スタート時点では、多くの人はFAQサイトの価値について議論できていないのが実情だ。コンタクトセンター部門以外のメンバーも対象に、FAQサイトへの意識を高めていこう。

FAQサイトに対する意識を変えることで実現できるのは下記の項目だ。

①コンタクトセンター部門でFAQサイトの関連業務を担う

②Webサイト運営部門も対象に、新人・異動者研修時に「FAQ研修」を行う

③全社イントラネットで業務の取り組み・効果を発信する

　コンタクトセンターで、FAQサイトの運営を進めよう。**図4-3-1**に「カスタマー対応部門がFAQサイトを運営すると改善できること」を示しているが、これはコンタクトセンターとWebサイト運営部門でFAQサイト運用についての意識が統一できれば実現する姿だ。コンタクトセンターでWebサイトの一部を運営することは難しそうに感じるが、「できない理由」を明確にしていけば業務移管は可能だ。例えば「HTMLやWebの知識があるオペレータがいない」については、FAQソリューションを導入すれば、FAQコンテンツ自体はExcel、WordなどのOfficeソフトウェアを操作するイメージで作成できる。Webサイト自体の管理は、ソリューション提供会社で行うため、Webサイトのメンテナンスなども不要だ。最新の問い合わせ情報を蓄積しているコンタクトセンターでは、むしろWeb担当部門へ依頼する方がWebへの掲載に時間がかかり、ストレスを感じているケースが多い。そうなると、コンタクトセンターは「FAQサイトは我々で運営すべき」と判断していけるだろう。

　ただし、中には「FAQサイトもWebサイトの一部として効果を測定する」などと手を離したがらないWebサイト運営部門もある。その場合は、問い合わせデータから作成したQ&A情報のFAQへの反映をWebサイト運営部門へ依頼し、アップされるまでの所要時間と、その間に「FAQに載っていなかった」などの指摘を受けたり、該当の内容の問い合わせが入った件数をモニタリングしておく。Web担当部門は、その問い合わせにより発生した対応コストを数値で示されることで、誰がFAQサイトを運営すべきかを理解できるはずだ。

　コンタクトセンターでもFAQサイトを運営できるという意識の変化、Webサイト運営部門がFAQサイトはコンタクトセンターで運営する方が

■図4-3-1　コンタクトセンターがFAQサイトを運営するメリット

カスタマーにとってよい姿だと認識する変化が生まれる。

　次は、その意識をより定着させるために、新人研修や異動者研修の場で「FAQ」について伝える機会を盛り込もう。企業規模にもよるが、経営定例会議や収支報告の場は、マネージャー以上の役職者に限定されていることが多く、その場だけでFAQの重要性を理解し合えても、現場の担当者が理解できていないことがある。誰もが、FAQサイトがセルフサポートによってCS向上やコスト削減につながっていることを理解できるように、研修部門の担当者に依頼してプログラムに組み込んでもらおう。

　最後に、FAQサイトの取り組みや効果は、社内イントラネットで発信していきたい。横のつながりを強化できるからだ。社内イントラネットで伝えることで、経営層にも共有でき、担当していないWeb担当部門へも波及していく。カスタマー向けの一般公開FAQサイトを進化させると、カスタマーから「FAQを見ました」と声が掛かるようになる。同様に、社内イントラネットでよい取り組みを発信していくと、「社内イントラサイトで見ました」という声が入るようになる。とくに新規事業など、新しいサービスを立ち上げる段階では、FAQサイトの運用設計が後回しになることがあり、セ

ルフサポートが進まずに問い合わせが多くなりがちだ。一方、社内イント
ラネットでFAQサイトによる効果の事例共有が進んでいると、FAQサイ
トの運用設計がサービスを立ち上げる段階でなされるためセルフサポート
が進み、スムーズなサービス立ち上げに効果を発揮できる。

　それぞれの所属部門や担当業務は違っても、FAQの重要性を理解する
と、それぞれが「カスタマーのためにどうすべきか」という行動に移れる。
意識が変わるだけで、新しいFAQの姿に進めるのだ。

4-4 FAQの主導権を握っているのはオペレータだ

　「オペレータ向けFAQサイトはマネージャー・SVのためにある」と述べ
たが、「FAQコンテンツ登録・更新の主導権はオペレータにある」ことにも
気をつけたい。FAQコンテンツの最終判断を含め、マネージャー・SVが主
導権を握っていると登録・更新は進まない。

　FAQの運用を始める時点で、「FAQコンテンツは誰が登録するか?」「専
任は付けているか?」と質問を受ける。可能であれば、オペレータが自由に
主導権を握れる環境を作ってほしい。「可能であれば」とは、オペレータの
雇用形態で応対業務以外に従事できない場合や、業務のミッションにFAQ
業務を盛り込む余地がない場合、医療・医薬に関するFAQサイトでは法律
に基づいた表記が求められるために自由度を制限せざるを得ない場合があ
るからだ。

　また、登録ではなく「主導権」と述べたのは、FAQコンテンツの登録には
「登録ネタ作成」と「実際の登録作業」があるためだ。FAQコンテンツの登
録ネタはオペレータがどんどん作成するが、FAQコンテンツに仕立てる作
業はマネージャーが担当するなどでも構わない。ただし、登録作業までオ
ペレータができる状態が一番スムーズだ。

　カスタマー向けのFAQサイトを想定する。ここでは、FAQサイトの目
的はセルフサポートだとする。この場合、セルフサポートが可能なFAQコ

ンテンツ作成には、次のポイントが必要だ。

①カスタマーがどの場面で困っているのかの場面想起

②それをどのような言葉で問い合わせしているのかの変換作業

③それを解決するための応対ナレッジ

④カスタマーが理解・解決できるコミュニケーションスキル

あるカスタマーは「なんだか画面がおかしいです」とだけ問い合わせてくる場合がある。オペレータは、この言葉から実際に何が起きているかを想像する。そして想像した状況から、どのように・どの手順で伝えれば解決できるのかを経験から実践する。こうした経験から得られる「どのような言葉を使えば、分かりやすいか」という気づきがFAQサイトの解決率にも影響する。

Web担当部門から、新しいサービスを開始する際に、想定される問い合わせやFAQコンテンツの案を受け取ることがある。多くの場合で「推奨環境は？」というFAQコンテンツが入っているが、オペレータはこのFAQコンテンツを登録しない。カスタマーが「推奨環境を教えてください」と問い合わせてこないことを知っているからだ。カスタマーは「ボタンが反応しません」「画面が崩れてしまっています」と問い合わせてくる。それを聞いた時に、オペレータは推奨環境外なのではないかと想像し、「ご利用環境を教えてください」と質問する。つまり「推奨環境は？」と検索する人は少ないので、登録しても参照されない可能性が高い。この気づきはオペレータだけが持ち得る感覚だ。

また、「推奨環境を確認していないカスタマーは、きっと次はここで躓くだろう」という予測もオペレータはできる。解決の手順を記載するだけでなく、先読みした補足情報を提示できるのも心強い。

マネージャー・SVの視点で行うことは、次の確認だ。

①コールリーズン分析の結果をもとに、必要なFAQコンテンツが漏れなく
　登録できているか

②カスタマーからの評価データをFAQコンテンツに反映できているか

③運用担当者で負荷が偏っているなど、運用面での問題はないか

つまり、「FAQコンテンツのタイトルはどう書くべきか？」「解決の手順はどこまで書くべきか？」まで関与し過ぎないことだ。

オペレータがFAQコンテンツを登録・更新しているサイトは、結果的にカスタマーに響くFAQコンテンツを提供できている傾向がある。FAQ作成の主導権はオペレータにあることを忘れずにいよう。

4-5 熱意を込めて褒める

FAQサイトの運用が進んでいくと、FAQコンテンツの登録・更新に熱心に取り組んでくれる運用担当者が出てくる。「オペレータ向けFAQサイトはマネージャー・SVのためにある」と書いたとおり、マネージャー・SVのために力を貸してくれている運用担当者は、しっかりと気持ちを込めて褒めたい。

第3章1節で「効果が出ないサイトに共通する3つの特徴」の1つとして「FAQ運用の評価制度がない」と述べた。FAQは常に新鮮で正確な情報を提供する必要があるため、そのために運用担当者が工夫した取り組みや得られた成果は価値のあるノウハウといえる。

FAQの運用が進んでいくと、まず現場が変化を感じはじめる。最初は「問い合わせが減ってきたかも」という感覚。次に、カスタマーからの問い合わせで「FAQを見ました」と言われる瞬間だ。多くの場合、問い合わせる前にFAQサイトを閲覧しているという傾向があるとおり、これらの変化は大半の企業で、運用開始から1カ月程度で運用担当者が実感できている。ちなみに、「FAQを見ました」と問い合わせされている場合は、FAQで解決できていない状態のため、カスタマーに解決できなかった理由を聞いてFAQコンテンツに反映することが、次に同じ問い合わせを生まないためにも重要だ。カスタマーは「解決できなかった」という意味で伝えている言葉でも、FAQ運用担当者にとっては、「見てくれている」というカスタマーとのつな

がりを実感できる瞬間でもある。

　コールリーズン分析などをせずに登録・更新した場合や、FAQサイト・FAQコンテンツの作り方が適切でない場合には、その実感を得られない。その場合は、第8章を参考にしてほしい。

　実際に、運用担当者を評価していくためにモニタリングしたい指標は下記のとおりだ。

①FAQコンテンツ登録数

②FAQコンテンツ更新数

③FAQコンテンツ削除数

④登録FAQコンテンツ参照数

⑤登録FAQコンテンツ評価スコア

⑥評価コメント

　FAQコンテンツの登録・更新数は、FAQサイトの充実・セルフサポートの実現に向けての評価になるが、FAQコンテンツ削除数も見ておきたい。FAQコンテンツは無駄に多くなると検索性が低下する。そのため、公開期間が切れているものや、参照されていないFAQコンテンツを削除することも、FAQサイトの信頼性につながっている。

　登録FAQコンテンツ参照数は、その人が登録したFAQコンテンツがどれだけの人に参照されたのかの数値だ。評価スコアは、FAQコンテンツに対する評点であり、解決できた場合には「1点」、解決できなかった場合には「0点」などと設定しておくと、FAQコンテンツごとの評点を算出できる。例えば、解決できた人が5人、解決できなかった人が5人の場合、評価スコアは、「（1点×5回の評価）÷合計10回の評価＝0.5点」となる。登録FAQコンテンツ参照数と、評価スコアを掛け合わせてみると、セルフサポートできたという仮説の数値も算出が可能だ。例えば、登録したFAQコンテンツが1件だったとしても、登録FAQコンテンツ参照数が200件で、評価スコアが0.6（60%の人が解決できたと想定できる）の場合は、「200件×60%＝120件」の問い合わせ削減につながっていたのではと推測できる。

これは、コンタクトセンターの繁忙期に見受けられる「忙しい時期にFAQ業務はやらない」という運用設計をしている部門の業務優先度の改善にもつながる。忙しい時期だからこそ、電話の回線数や対応時間に影響されないFAQサイトでセルフサポートが進んでいることの周知にもつながる。

また、定性的な評価コメントもモニタリングしたい。件数は少なくなるものの、FAQコンテンツに対しての嬉しいコメントが入ることもある。

FAQ運用は、FAQコンテンツの登録・更新だけではないので、組織貢献度として上記の各項目はモニタリングしたい。FAQ運用担当者の組織貢献度を評価し、さらにFAQコンテンツのブラッシュアップが加速する仕組みを意識しよう。

4-6 経験豊富なオペレータを推進役に

新しいソリューションを導入する、新しい運用に切り替わる、この場合に否定的な反応を示すメンバーがいる場合は、なぜ今それが必要なのかをしっかりと伝えていこう。そのメンバーは、今までの運用に想いが強いからこそ、否定的な対応を取ってしまっているに過ぎない。

コミュニケーションで解決できない場合は、図4-6-1のように定量的な分析を進めたい。図は、同じファイルデータを検索する場合、同じ手順でスピードの比較を行ったものだ。Excelで検索する、旧システムで検索するよりも、どのケースでも新FAQシステムでは30倍近い改善が得られた。結果的に、これがカスタマーに喜んでもらえることにつながると伝えよう。

過去をよく知っているベテランメンバーが、その強い想いを新しいFAQソリューションに向けていければ、運用構築の推進に強力な味方になるはずだ。

■図4-6-1 定量データを示して理解を得よう

4つのケースを現行システムと新しいFAQソリューションで検索時間の比較を行った結果、新しいFAQソリューションの検索時間が約30倍速い結果を得られた。
また、すべてのケースで、全チームが現行システムより早い検索時間であったことも重要。

			Aチーム	Bチーム	Cチーム	Dチーム	Eチーム	Fチーム	Gチーム	平均
ケース①	現行システム（※1）	検索時間	5：00	0：45	5：00	1：15	5：00	4：20	0：38	3分08秒
	新FAQシステム（※2）		0：01	0：06	0：10	0：02	0：06	0：14	0：04	6.1秒
	（※1）÷（※2）	比較	300倍	7.5倍	30倍	37.5倍	50倍	18.6倍	9.5倍	30.8倍
ケース②	現行システム（※1）	検索時間	5：00	0：05	0：23	1：00	5：00	4：20	0：22	2分18秒
	新FAQシステム（※2）		0：01	0：03	0：01	0：03	0：05	0：10	0：01	3.4秒
	（※1）÷（※2）	比較	300倍	1.7倍	23倍	20倍	60倍	26倍	22倍	40.7倍
ケース③	現行システム（※1）	検索時間	5：00	3：30	5：00	1：33	5：00	5：00	0：51	3分42秒
	新FAQシステム（※2）		0：01	0：10	0：04	0：04	0：14	0：16	0：04	7.6秒
	（※1）÷（※2）	比較	300倍	21倍	75倍	23.3倍	21.4倍	18.8倍	12.8倍	29.2倍
ケース④	現行システム（※1）	検索時間	0：25	1：10	3：40	0：22	5：00	0：15	―	1分48秒
	新FAQシステム（※2）		0：01	0：04	0：05	0：03	0：08	0：03	0：04	4.0秒
	（※1）÷（※2）	比較	25倍	17.5倍	44倍	7.3倍	37.5倍	5倍	―	27.1倍

※「5：00」はファイル量が多すぎる、サイズが重いなどで5分以上経過したもの

第4章　マインドセットから始めよう　～意識化～

COLUMN

コミュニケーションの質を高める

　FAQソリューションの導入を進めていたところ、ある部門でベテランメンバーから「私たちのコミュニケーションをなくすのか！」と叱られたことがある。

　話を聞いてみると、そのメンバーは日常的にオペレータから「教えてください」と聞かれることが多く、その時の会話が嬉しいし、「私が必要とされていると感じる瞬間だ」と話し、FAQソリューションを導入されると困ると言うのだ。ただ、質問している側（オペレータ）に話を聞いてみると、「SVが忙しそうなので、聞ける人に聞いている」「何度も聞いて申し訳ないので、FAQがあると便利」と言っていた。コンタクトセンターに限らず、このようなコミュニケーションの齟齬は起きているのかも知れない。

　ベテランメンバーには、「みんなが期待しているのは、誰もが知りたい簡単な質問ではなく、特異な状況で誰も助けられない時に、培ってきた経験で助けてほしいということ」と納得してもらえたが、FAQによって組織内のコミュニケーションの質が変わっていくことも期待したい。

第5章

安定した運用を実現しよう
~ルール化~

5-1 個人に依存せず、組織として運用する

　FAQの運用を特定の人に依存させず、組織として運用可能な状態を作り、継続的に効果を創出する。

　どの企業でも、一定の離職率があり、マネジメント層の人事異動もあるだろう。コンタクトセンターでは、オペレータからSVへの役割変更、異なるチームへの異動などの変化も多い。FAQの運用業務を特定の人に任せていると、突然運用が停止することもある。

　「導入当初のメンバーが退職したので分からない」「今までの運用担当者の業務は引き継いだが、業務の目的は理解していない」——。こういうケースが出てこないように、運用ルール策定の前提として、組織に根付かせることを意識したい。

　まず、FAQ運用部門では、いつでも誰もが手に取れる状態にしておきたいドキュメントがある。

①導入企画書

②運用体制図

　導入企画書には、導入前の課題と新しい運用を選択するに至った過程や判断基準、ROIなどが記載されている。これを振り返れば、少なくとも「現在の運用で何を目的としているか」を今後誰もが知り得るはずだ。

　運用体制図には、個人名ではなく、業務の内容と設定している工数、担当者の推奨保有スキルを記載しておきたい。例えば、「FAQの作成は、ミッションの何％までを許容するか、またその担当者になり得るメンバーは、オペレータとして3年以上の経験と複数の製品の担当経験がある」「分析担当は、同様にミッションの何％までを許容し、（Officeでの編集作業を想定して）MOS（Microsoft Office Specialist）保有者」などだ。マネジメント層が変わった時に、スムーズに運用担当者の任命と、運用継続ができる情報を、すぐに手に取れる状態にしておきたい。「人はいずれ変わる」前提で作成しておこう。

導入企画書、運用体制図が用意できたならば、FAQコンテンツの作成ルール・表記ルール、分析手順書なども整理しておきたい。とくに、FAQソリューションの機能の使い方は、企業によって異なることも多い。例えば、分析機能だ。多くの分析機能の中から、その企業ではどのメニューを使って、どう加工してモニタリングするかは、製品のマニュアルに掲載がない。FAQコンテンツ登録用のマニュアルを独自で作成している企業もある。これらも、組織が運用を継続していくために必要な情報だ。最低限必要な情報を整備して、常に手に取れる状態にしておくことを前提に、運用ルールの策定にあたってほしい。

5-2 FAQには消費期限がある

FAQコンテンツには消費期限がある。ワインのように、寝かせるほど価値が高まるものではない。数日のものも、数年のものもあるが、FAQコンテンツをいつまで公開すべきかには気を配りたい。消費期限があるものだからこそ、少しでも長い期間で効果を出せるように、公開までのスピード感に気をつけたい。

FAQコンテンツはいつでも編集できる。誤字・脱字を誰もが気にするが、段落の配置、挿入した画像のサイズ、文字色など、気にし始めたら時間がかかって腐っていく。(ワインのエチケットコレクターには申し訳ないが) 外見にこだわるのではなく、素早く開栓して、提供したい。FAQコンテンツを寝かせ続けるメリットはない。

図5-2-1は、カスタマー対応において「時間が経過するほど難易度は高くなる」ことを示したものだ。FAQサイトのFAQコンテンツがなかなか承認されない、登録されずにFAQでセルフサポートが実現できなかった場合を想定している。

カスタマーは、問い合わせをした時点で、大半はFAQサイトを経由していると想定できる。このため、Webサイト上で「文字が入力できない」「パ

スワードがエラーになってログインできない」と不満を感じた場面から時間が経過していて、すぐに解決したいと感じている。解決したい現実の課題に加えて、心情の課題も生じ始めている。

　オペレータが問い合わせを受けた時点では分からないが、何度も電話がつながらなかった場合、音声ガイダンスで長い間待たされた場合、問い合わせフォームが見つかりにくかった場合などは、さらに心情の課題は大きくなっている。

　とくに時間の経過によって在庫状態が変わるECサイトなどでは、この心情の課題は顕著だ。金曜日の夜に、欲しい商品の「購入ボタンが反応しない」問題が発生し、FAQで解決できず、翌営業日に問い合わせをしたところ、解決策の提示はあったものの、すでに「在庫切れ」になっていたとすれば、心情の課題の割合は一段と大きいはずだ。この状況になれば、「購入ボタンが反応しない」ことの解決策の提示より、心情の課題を解決するための時間とスキルが求められる。

　もしFAQコンテンツがすぐに公開されていたら、カスタマーは金曜日の夜に欲しい商品を購入できていた。売り上げにもつながり、ファン獲得にもつながる。カスタマー対応のコストもかからない。

　航空会社への問い合わせの大半は、フライト情報に関するものが占めて

■図5-2-1　FAQとコンタクトセンターの関連性

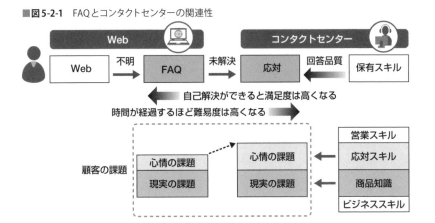

いるという。飛行機が遅れていないか、欠航はないか、最新の情報が求められる。鉄道会社も同様だ。

　自分自身がカスタマーの立場であれば、FAQコンテンツの体裁は気にせず、「早く情報が欲しい」と思うはずなのに、FAQサイトを運営する側に立つと、カスタマーに分かりやすいようにと、表記チェックや図表チェックなどの承認に時間をかけてしまい、結果的にCS低下とコスト増を生んでしまう。

　最初の段階では、得られた気づきをFAQコンテンツにスムーズに仕立てるためのルールにとどめたい。例えば、登録時に使用するテンプレートのルール、第5章7節で述べる表記ルールなどだ。可能であれば、第4章3節で述べたFAQ運用業務の移管も、公開までのスピード化につながっていく。FAQコンテンツは素早く公開することを目指したい。

5-3 前向きな改善・更新がFAQを進化させる

　FAQコンテンツは素早く公開することが重要だと理解していても、FAQコンテンツの作成者は、公開したFAQコンテンツで不満の声が挙がった時を想像すると、やはりしっかりと作り込みたくなるものだ。FAQコンテンツをどのレベルまで仕立てればよいのか。FAQコンテンツを公開する場合には、以下の点を想定しておこう。

①FAQコンテンツの作成レベル

②承認フローの設定

　コンタクトセンターでは、企業の窓口としてオペレータがカスタマーの問い合わせに対応しているため、有償のものを「無償です」と案内することは起こり得ないだろう。しかし、このオペレータがFAQコンテンツを作成してよいとしている企業と、そうでない企業は何が違うのだろうか。理由の1つは、FAQコンテンツを誰がどこまで作れるのかが判断できていないからだろう。つまり、このFAQコンテンツであれば、オペレータでも作れ

るという判断や、登録するネタはオペレータが作成し、デザイン作成が得意なメンバーが仕上げるといった流れを想定できていないためだ。

FAQコンテンツをどう作るべきかは、**図5-3-1**にあるとおり、作成にかける時間と合わせて考えたい。「動画の方が分かりやすい」と動画によるFAQコンテンツを目指す場合も、テキストのみでよいので取りあえず公開しよう。動画の作成には時間がかかるため、後から動画コンテンツに更新すればよい。いま問い合わせが入っている状態のFAQコンテンツは、とくに「すぐに公開する」ことが重要だ。FAQコンテンツの見た目は後回しでよい。

承認フローの設定も、デザインや構成のチェックを含む承認フローと、そうでない承認フローを併せて構築しておく。スピードが求められるテキストのみのFAQコンテンツの場合には、図表のチェックが不要な承認フローでFAQサイトへ公開できるようにしたい。

多くの企業のFAQサイトを閲覧すると、テキストだけのFAQコンテンツで構成されている企業もあれば、動画FAQコンテンツが大量にある企業もある。これは、FAQコンテンツの種類による。FAQコンテンツの種類と作成するレベルについては、第8章3節で詳しく述べる。カスタマーが必要としているのは「解決の方法」であり、「動画FAQコンテンツ」そのものではないため、テキストのみで公開することに躊躇することはない。とくに一般公開サイトの場合、スマートフォンでの閲覧が想定できるなら、通信量にも配慮が必要だ。PCからFAQサイトへ接続した場合には、ユーザーエージェント（利用者がデータを利用する際に用いるソフトウェアまたはハードウェアのこと）の判別でPC用の詳細画面を表示し、スマートフォンからのアクセスには動画を使用していないスマートフォン用の詳細画面を表示するという工夫にも取り組みたい。アルファスコープを利用している、一般公開サイトのFAQ評価コメントを分析してみると、「画像があると分かりやすかった」「リンクの設定があるとよかった」というコメントは全体で数件あった。しかし、動画FAQコンテンツを期待するコメントは1件も

■図5-3-1　FAQコンテンツは後からブラッシュアップできる

なかったのが実情だ。FAQサイトに登録するために、動画FAQコンテンツの作成を他社へ依頼するケースもあるが、1日〜2日程度で完成しない場合はお勧めしない。1週間〜2週間も経過すれば、動画が完成した時点で問い合わせの旬は過ぎているからだ。

　いつでも情報を更新できるのがFAQソリューションの便利さだ。テキストのみのFAQコンテンツから、ハイパーリンクの設定で遷移をしやすくする、画面キャプチャを挿入して視覚的に分かりやすくするという、段階的な更新がイメージできていれば十分だ。カスタマーから「テキストのみで分かりづらかった」と評価が入ったとしても、「見やすさは、徐々にブラッシュアップしていこう」と伝えられる運用管理者がいると心強い。

5-4　Excelデータのへそくりを活かす

　FAQの運用に新しく取り組む場合、既存データの移行をどう進めるのかという課題は必須項目だ。既存データの移行には、下記のパターンがある。
①FAQソリューションの乗り換え
②自社構築ツールからの移行

③何も整備されていない

　FAQソリューションの多くは、CSVファイルなどによるデータの出力が可能なため、FAQソリューションの乗り換えの場合は、登録されている画像ファイルやドキュメントの移行に問題がなければ、作業はスムーズだ。

　自社構築ツールからの移行は、FAQソリューションに取り込めるCSVファイルなどに出力可能かどうかが重要だ。何かしらのファイルに出力できれば、加工して移行できる場合もあるが、中には出力できない／独自のファイル形式のためFAQコンテンツを１件ずつ手作業で移行しなければならないケースもある。ここはシステム間の連携ができるかが課題になる。

　何も整備されていない場合、各自がExcelファイルで管理していることが多い。この際は、システム間の連携ではなく、運用の課題が生じる。各自で管理し、育ててきたExcelファイルは、そう簡単に手放したくないものだ。自分が使いやすいようにデザインされ、設定されたExcelから運用変更することにネガティブな反応も多くなる。このような場合は、強制的に運用変更を行って生産性が低下することを避けるため、下記の手順で徐々に移行を進めてみよう。

①業務に関係のない職場のFAQコンテンツを登録する（習慣づけ）
②応対に必要な社内共有フォルダの情報を登録する（便利さの実感）
③登録・更新の手順のレクチャーをする（使い方を知る安心感）
④期限を決めて、少しずつExcelの情報を移行する（意思表明）

　全体の流れはFAQソリューションに触れる機会を作り、Excelより便利に検索できる成功体験を作る。その後、対象を絞りながら、FAQソリューションに移行していく進め方だ。

　まずは、カスタマー対応に影響のないFAQコンテンツを登録する。例えば、休暇申請の方法、休日出勤の申請方法、ゴミの捨て方のルール、コピー機が故障と思われる場合の対応方法などだ。ここで、FAQソリューションに触れてみて、検索から参照までの操作に馴染んでもらいたい。

　次に、社内の共有フォルダなどにあるドキュメントの場所を登録した

FAQコンテンツを用意しよう。「○○ファイルの保管場所」などのタイトルで、詳細画面にファイルのハイパーリンクを設定しておく。問い合わせ対応に限らず、ドキュメントを探す場合、Windowsエクスプローラーで検索する前に、FAQソリューションで検索して簡単にファイルへリンクすることで、WindowsエクスプローラーではなくFAQソリューションで検索する習慣づけに取り組んでみよう。

習慣づけ・便利さの実感ができると、より詳しく機能を知りたくなる。少なくとも、Excelで検索していた状態よりは検索性のよさを実感できているはずなので、より詳しい検索方法や各自が管理しているExcelデータの一括移行の方法を伝えておきたい。使い方を学ぶことで、移行作業への不安は払拭される。

最後に、各自でどの情報をいつまでに移行するのかを決めてスケジュール化しよう。オペレータがカスタマー対応に不安を感じないように、各自が自ら期限を設定する。FAQソリューションの検索性が高いことは実感できているため、強制せずとも短期間で移行は完了するはずだ。

FAQソリューションは、データ移行してからがスタートだが、今までの運用と並行して適切にデータ移行をしたい。

5-5 ロジカルに件数目標を立てる

第3章1節で、「FAQコンテンツ数がサイトの評価軸になっていることが、効果の出ない要因の1つだ」と述べた。そのような組織では、登録・更新件数のノルマ設定が行われている傾向にあると感じる。

しかし、FAQサイトの運用を開始する時点で、サイト全体で必要とされるFAQコンテンツ数の目安の設定は必要だ。これは、設定したKGI/KPIの達成目標にもつながる。

手順は下記のとおりだ。

①問い合わせ総数を算出する

②セルフサポートが可能なコールリーズンを決める

③そのコールリーズンの問い合わせパターンを算出する

④そのコールリーズンが問い合わせ総数に占める割合

⑤削減目標の割合を決める

　問い合わせには、セルフサポートを可能にしたいものと、問い合わせをいただいて製品の改善につなげていきたいものがある。まずは、セルフサポートしてほしいコールリーズンを洗い出す。そして、そのコールリーズンの総数を算出するとともに、問い合わせのパターンを算出する。例えば、「パスワード再発行」というコールリーズンがあり、問い合わせが200件だった場合、「パスワードを忘れたために再発行したい」「パスワードの有効期限が切れたために再発行したい」「第三者がログインしていたようなので再発行したい」など、問い合わせの背景が異なるケースがある。ここでは、このコールリーズンの問い合わせ総数が200件、問い合わせパターンを３とカウントできる。

　セルフサポート可能なコールリーズンを算出したら、目標設定をしよう。

⑴ 導入時に用意しておきたいFAQコンテンツ数の目安（③＋αで算出）

⑵ 導入当初に目指す、削減したい問い合わせ数の目安（④）

　⑴で注意したいのは、これから「登録」すべき件数ではなく、本来は「用意」しておくべきFAQコンテンツ数であることだ。FAQ運用を開始する時点で、用意すべきFAQコンテンツが足りていれば、無理やり新たに登録する必要はない。ここを間違えて、「１人○件登録する」などの目標件数を立てないことだ。FAQ運用担当者に負荷がかかるばかりか、不要なFAQコンテンツが増えると検索性が悪くなる。また「＋α」としているのは、FAQはセルフサポートだけが目標ではなく、カスタマーとのやり取りを減らす目的もあるため、そのFAQコンテンツは追加で必要だからだ。

　例えば、「ボタンが反応しない」という問い合わせが入った時、通常はオペレータが「利用環境」「日時」「操作手順」などをヒアリングするが、調査に必要な項目をFAQコンテンツに「上記項目の情報を添えて問い合わせくだ

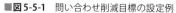
■図5-5-1 問い合わせ削減目標の設定例

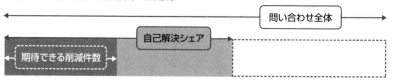

問い合わせ全体(件数) × 自己解決シェア(％) × 削減KPI(％) ＝ 期待できる削減件数

(例)月間1,000件の問い合わせがあり×70％が自己解決可能な事象で×その事象の70％削減を目指す場合
＝490件削減／月が目標値になる

さい」と記載しておく。すると、その項目の情報を添えて問い合わせが入るようになる。カスタマーとオペレータの双方にとって解決までの時間短縮につながる。このような、問い合わせの工数短縮につながるFAQコンテンツも数に入れておきたい。

(2)では、図5-5-1のとおり、削減目標の割合を決めよう。

すべての問い合わせをゼロにするのは難しい。そのため、次のような基準を設ける。これはあくまで目安で、企業の事情に合わせて設定してほしい。

・FAQサイトの認知度は高く、参照はされている。FAQサイトをより改善していけば効果は見込める状態の場合→60％の削減をKPIと設定する
・まだまだFAQサイトの認知度が低く、まずFAQサイトに訪問してもらうところから対策が必要。参照されれば、セルフサポートが見込める場合→40％の削減をKPIと設定する

現状、FAQサイトがどの程度、カスタマーに利用されているのかによって、目標とする削減シェアは変更してよい。

このように、導入時にFAQコンテンツ数の目安を設定する目的は、どのタイミングでFAQコンテンツを登録するか、またどの段階でFAQコンテンツの評価(分析)に入るべきかを設定するためだ。FAQコンテンツの運用自体は、登録〜分析(更新)〜削除とつながるため、必要なFAQコンテンツをまずは登録し終えている状態を見極めることが重要だ。

アルファスコープの導入企業のFAQコンテンツ数は、数十件〜数万件ま

でと幅が広い。FAQコンテンツが数十件のFAQサイトは、全FAQコンテンツが大量に参照されていて、カスタマーのセルフサポートに役立っている。FAQコンテンツが数万件のFAQサイトは、各FAQコンテンツの参照数は少ないが、幅広く活用されている。どちらも対象となったコールリーズンの問い合わせパターンに応じて登録されているため、上手に活用できていると言えるだろう。傾向として、製品数が多いFAQサイト、システム系のFAQサイトでは、FAQコンテンツ数自体は多くなる。製品ごとのマニュアルを用意する、システムで表示されるすべてのエラーコードをFAQコンテンツに用意しておくことで、必然的に数は増える。

ロジカルに目標を設定すると、見直しや評価はスムーズにできる。感覚に頼らず、コールリーズンの見直しから始めよう。

5-6 「手が空いた時にやろう」が現場を混乱させる

FAQサイトの運用に限らず、「時間を見つけて」「時間があれば」など、これほど実行されない業務指示はない。とは言え、いつFAQサイトの運用にかかる時間を確保するべきかについては悩むところだろう。

図5-6-1は、FAQ運用が進化していくか、停滞するかの3つのポイントを示している。FAQを業務としてセットするか、片手間で運用しているかは、FAQサイトの進化に大きく影響していることを認識したい。業務として、時間を確保していくことが重要だ。

■図5-6-1 FAQ運用の3つのポイント

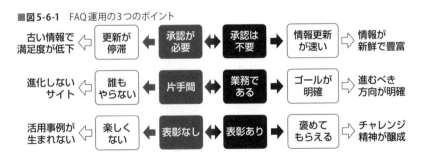

■図5-6-2　カスタマーがFAQサイトを利用する時間(例)

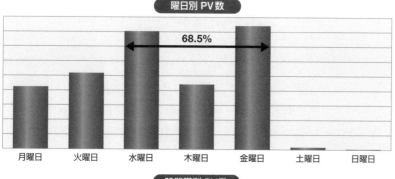

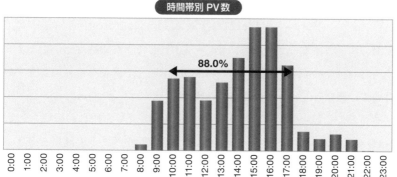

　FAQ運用の時間をいつ確保するかは、FAQサイトによって異なる。実際には、運用担当者の出勤日やシフトに左右されるが、ここではカスタマーの利用状況から、いつ運用すべきかを考えてみたい。

　図5-6-2は、ある企業のFAQサイトのPV数データだ。曜日別と時間帯別を掲載している。曜日別のグラフでは、水曜日と金曜日のアクセスが多いことが分かる。時間帯別では9時〜10時に上昇を始め、15時〜16時がピークとなっている。この数値は企業によって大きく異なる。CtoCのサービスでは、週末のアクセスがピークを迎えるFAQサイトもあれば、EC関連企業のFAQサイトでは、仕事が終わった後の18時過ぎから、深夜1時までがピークのサイトもある。まず、運営しているFAQサイトの特徴を把握しよう。

この曜日・時間帯別の数値から、いつFAQの運用をすればよいかを考えると、ピークを迎える前に設定したい。図の曜日別グラフでは、水曜日～金曜日が全体の68.5％を占めている。時間帯別グラフでは、10時～17時が全体の88.0％を占めている。多くのカスタマーが参照する前に、新鮮で正確なFAQコンテンツを表示するか、多くのカスタマーが参照し終わった後にFAQコンテンツを表示するかで効果が左右される。

図を例にすると、月曜日、もしくは火曜日の、出社後～10時までの間にFAQ業務の時間をセットしたい。そうすれば、多くの人が直前に登録・更新された新鮮な情報を参照できるはずだ。

コンタクトセンターの場合は、カスタマー対応時間帯の中でFAQの運用業務に切り替えることは非常に難しく、出社してから電話対応が始まるまでの時間帯や、昼休憩が終わってから30分間など、業務を切り替えやすい時間帯に確保している場合が多い。

業務が忙しい中で、メンバーを気遣って「手が空いた時にお願い」では、FAQサイトはいつまで経っても進化しない。FAQサイトの運用を業務として、いつ遂行すればよいかまで設計することが重要だろう。

5-7 複数担当者で運用時の必須アイテム「表記ルール」

FAQコンテンツの作成を開始して、まず必要になるのは「表記ルール」だろう。実際、FAQコンサルタントをやっていると、表記ルールへのアドバイスを依頼されるケースも多い。

図5-7-1は、FAQコンテンツを作成・更新する際に注意しておきたい表記の観点をまとめたものだ。図では、「表記ルール」と「表記例」「セルフサポート有効度」「モバイル特有」を列にしている。「質問文は具体的に」「アクションまで記載」「質問に対してズレのない回答を作成」の3項目は、中でもセルフサポートへの影響が大きい。表記例でイメージしていただけると思うが、このような表記のFAQコンテンツをよく見かけないだろうか？

「質問文は具体的に」は、FAQコンテンツの登録・更新に慣れてきた段階で起きやすい、注意したい表記だ。表記例にあるような「メールマガジンの配信停止」では、「メールマガジン」というカテゴリに登録する時、カテゴリに記載されているから省略できると判断しがちである。しかし、FAQサイト全体からワード検索してたどり着いた場合は、何の配信停止なのかが分からなくなってしまう。カスタマーがFAQコンテンツを探す場面を想像して、丁寧に記載しよう。

また、質問に対して、回答に「できません」とだけ案内されている場合、結局「その後、どうすればよいか」が分からずに問い合わせをしてしまうケースがある。「できない」場合に、代替策があれば案内し、費用がかかるのであれば料金の案内をし、諦めるべきであればその旨を記載したい。具体的なアクションまで記載することが重要だ。

そして、「できるだけ」「数日で」「完了次第」「在庫が確認でき次第」など、あいまいな表記は避けたい。これらは、Web担当部門からの情報がそうなっているケースが多いが、FAQサイトを運営する側として、これらのあいまいな情報は問い合わせにつながるだけでなく、CS低下にもなる。「在庫が確認でき次第」とあった場合、運営企業側では、海外への連絡が必要で1週間はかかると思っていても、カスタマーは一般的に在庫確認であれば、1～2日もあれば完了すると想像するかもしれない。2日待って連絡がなく、問い合わせをすると「1週間かかります」と伝えられる。問い合わせの手間がかかり、「最初から書いておいてくれれば」と不満に思ってしまう。確実な時間を記載できなくても、少しでも目安が分かる情報を記載するように心掛けよう。

モバイル（スマートフォン）対策では、「PCへの誘導も強化」がある。一般公開サイトでは、スマートフォンからのアクセスが多くなっているが、PC向けのFAQコンテンツをそのままリサイズして表示しているケースが多い。

PC向けのFAQコンテンツで、画像キャプチャなどを利用して、案内を強化できている場合は、無理やりにスマートフォンで表示させず、PC向け

■図5-7-1　FAQコンテンツの表記ルール例 (1／2)

表記ルール	表記例	セルフサポート有効度 ※ルール化優先順位	モバイル特有
質問文は具体的に カスタマーの困っている場面を想起することが重要	○：メールマガジンの配信停止をしたい。 ×：配信停止をしたい。	◎ 質問文が的確でないと参照されない	
アクションまで記載 自己解決できる情報まで提供します	○：お客様のお住まいの地域ではご利用できません。 ▲▲版は地域に制限なくご利用いただけます。 ×：お客様のお住まいの地域ではご利用できません。	◎ できない情報だけでは結局お問い合わせにつながる	
質問に対して ズレない回答を作成 知りたい情報をグレーにせずに回答する	Q「資料請求しましたが、いつ届きますか?」 ○：通常、3営業日以内に配送手続きを完了します。 ×：できるだけ早くお届けします。	◎ あいまいな情報では結局お問い合わせにつながる	
別ページへのリンクを設定 異なるページへのリンクは分かりやすく表記する	例：▲▲サイトは[コチラ]から	○ 解決までを想定した流れに誘導する	
表記の統一 表記を統一し、同義語辞書にて検索性を向上する	全角/半角、数字/漢数字、送り仮名など 例：引っ越し/引越し、ください/下さい、スマホ/スマートフォン、PASS/パスワード、Email/E-Mail	○ 検索性が悪いと参照に至らず解決しない	
PCへの誘導を強化 複雑な操作手順はPCのFAQへ誘導	例：コチラの操作手順はPC版FAQサイトに詳しくご案内しています。FAQID「1234」で検索してください。	○ 見づらい状況では諦めて問い合わせにつながる	○
質問文は 50文字を目安に作成 質問文が一覧で表示されている場面を考慮する		△ 質問一覧で読まれずに参照されない	

のFAQサイトへ誘導しよう。誘導の方法は「FAQID：○○を参照してください」で構わない。画面が小さくて生じる不満は、「結果が見にくい」ことだ。その不満をPCサイトへ誘導することで解消しよう。

　また、PCサイトへ誘導することで、すぐに参照できないのではないかという懸念もあるが、あるデータでは、モバイル端末を手にしている時間帯の7割でPC端末も手に取れる位置にあると出ている。通勤の電車内はモ

(2／2)

表記ルール	表記例	セルフサポート有効度 ※ルール化優先順位	モバイル特有
記号の使用を統一 統一された表記で理解しやすい情報に仕立てる	【】：タイトル、見出し、標題など []：文中でボタン名称などを目立たせる場合 ※：注意事項、補足など ・：並列で項目を並べる箇条書き ()：操作手順は全角( )で(1)と記載	△ 複数のFAQを遷移した時に統一感が重要	
肯定的な書き方に配慮 トラブルなどの状況ではポジティブにお伝えする	○：ウインドウが表示されるまでお待ちください。 ×：ボタンを押さないでください。	—	
質問は「？」を記載 「……ですか？」など表記の統一をする		—	
「です」「ます」調で記載	○：弊社までお問い合わせ願います。 ×：弊社宛のご連絡が必要だ。	—	
不要な装飾はしない 情報のスリム化で必要な情報をクリアにする	○：……はできますか？ ×：……はどうしたらできるのでしょうか？	—	
言葉の重複に注意	○：私の代わりに、家族が手続きできますか？ ×：私の代わりに、家族が代理で手続きできますか？	—	
短く・簡潔に 小さな画面で多くの情報を提供する	○：ﾌﾟﾗｽｱﾙﾌｧ・ｺﾝｻﾙﾃｨﾝｸﾞが提供する新ｻｰﾋﾞｽ ×：プラスアルファ・コンサルティングが提供する新サービス	—	○

バイル端末のみだが、会社や自宅ではモバイル端末を手にしていても、PC端末を利用できる環境にある。同様に、モバイル端末を操作中に分からないことがあった時、「PC端末で調べ直してみる」行動を取るカスタマーも多いことが分かった。こうしたカスタマーのアクションから、モバイル（スマートフォン）対策で、PCサイトへの誘導もFAQコンテンツによっては有効だといえる。

細かい工夫では、「改行しない」ことも重要だ。PCサイトの場合は、改行を使用して余裕のある見せ方が可能だが、モバイル（スマートフォン）端末では、改行によって縦長になってしまうため、改行せずに表示することも必要だ。

　多くの表記ルールを設定する必要はなく、図5-7-1の中からピックアップして明文化することをお勧めするが、この中で一番利用されているのは「記号の使用を統一」だろう。あるFAQコンテンツでは、手順①、手順②となっているのに、別のFAQコンテンツでは、手順A、手順Bとなっている場合や、あるFAQコンテンツ内で、手順①、手順②が何回も出てきて、どの手順①なのかが分かりにくいなどは混乱を招く。FAQサイトで、記号の使い方を統一しておくのはよいが、記号の使い方を毎回確認しながら作成するのは手間なので、テンプレートを活用するとスムーズに解決できる。

　テンプレートに「手順を案内する場合」「ボタン名称を入れる場合」など作成しておこう。手順を案内するテンプレートを選択すれば、手順①、手順②と項目がセットされる。ボタン名称のテンプレートを選択すれば、"[ ]"がセットされる。このようにアクションをテンプレート化しておくと、間違いなく記号は統一できるはずだ。

　その他、文字装飾にも注意したい。例えば、色づけだ。シンプルな記載を好むFAQコンテンツ作成者はあまり色を使わず、別のFAQコンテンツ作成者はカラフルな文字列になってしまうケースがある。例えば、カスタマーが手順を間違えるとデータが消えてしまうなど、復旧できない操作を案内する場合は赤字を使う、カスタマーが間違いやすい操作には下線を引いて記述するなどのルールを決めておくと、FAQコンテンツ作成者が複数名いても、見やすいFAQコンテンツが作成できる。ただし、一般的なFAQコンテンツでは、そうした装飾は必要ない。基本はシンプルに、色や下線は使わない方がよい。

　このように、表記の視点はいくつかあるが、FAQコンテンツは素早く公開していくことが大前提であるので、カスタマーが不快に感じないために、

■図5-8-1 他部門とも運用ルールを決めておく

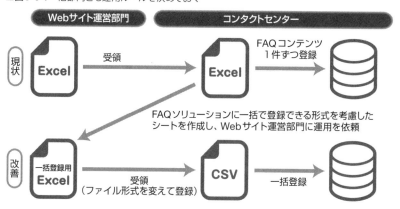

今の運用担当者に周知しておきたい事項をルール化しておこう。

また、表記ルールは、複数名でFAQコンテンツを作成・更新する場合に用意しよう。中には、担当者が1名で作成〜更新まで行う場合がある。複数名で登録・更新した場合に、カスタマーへ「見た目が違う」「分かりにくい」と感じさせないためのルールであり、1名で運用する場合は、表記ルール作成の優先度を下げてよい。その運用担当者が、異動・退職する際に用意しよう。

5-8 コンテンツ作成を効率化しよう、道具がなければ作ろう

運用ルールの策定は、FAQサイト運営部門内だけにとどまらない。Webサイト運営部門をはじめ、FAQサイト運営部門以外から情報を入手する場合も多く、情報のやり取りのルールを他部門と共有しておきたい。

FAQコンテンツをスムーズに公開するには、入手した情報をFAQコンテンツの形式に変換する必要がある。また、この頻度が多ければ、少しでも簡便化しておくことで負荷が軽減できるだろう。通常、情報を渡す側は、FAQコンテンツの登録まで意識して資料を作成しないため、FAQサイト運営部門側で意識してルール化を目指したい。

図5-8-1のように、通常のExcelファイルで情報を入手すると、その内容

から質問と回答にあたる部分をコピーし、1件ずつFAQコンテンツの登録を進める必要がある。そこで、FAQソリューションに一括登録することを考慮して、一括登録用のフォーマットを用意し、入力してほしいセルに色づけをするなどして体裁を整えておく。FAQコンテンツを一括で登録するフォーマットは、質問文と回答文以外の入力項目が多いため、一括用フォーマットをそのまま送付するのではなく、入力してほしい項目に直接記入してもらうためだ。

　Webサイト運営部門でその資料に情報を入力してもらい、一括登録に必要な他の項目（公開するか非公開にするかの区分など）を設定しておくと、簡単に一括登録が可能になる。1件のFAQコンテンツの登録には、（コンサルティングを行ってきた企業の平均で）15分〜30分かかるため、登録件数と頻度を考えれば、FAQサイト運営部門以外の組織と調整を進めておきたい。

　FAQコンテンツを素早くカスタマーに届けるために、時間がかかってしまう場面を想定して、必要なツールは独自に作成し、関係者と調整を進めることも重要だ。

COLUMN

独自性を褒める

　FAQの運用で、「自由さ」をどこまで認めるかは難しいところだ。とくに、FAQソリューションの導入を進めてきた管理者は、導入を進め、共通のルール作成を進め、定着したところで現場の担当者へ業務移管を進めるという流れを考えているだろう。

　ただ、FAQ運用が定着していくと、よい意味で「新しいアイディア」が生まれてくる。そして、FAQ運用が得意な人・苦手な人も顕著になってくる。この場面で、独自性をどう受け入れるかが、現場のモチベーションにも関係してくる。

　図は、私が管理者として、その「独自性」の課題が出てきた時の分析資

■図　「独自性」の課題

FAQサイト 運営上の問題点	原因	分析 （独自性が見えてきた）	課題
成果を急ぎすぎている	ゴールに向かうスピードが早すぎる	自立できる部分はどこか、任せていけるところを見極めて、その成長を見ていく	ー
	数値目標達成への意識が強すぎる		
	管理者からの自立を意識し過ぎている		
ブラッシュアップの定例会に行き詰まりが出てきている	各チームでのメンテナンスを目指し過ぎている	誰がどこまでの業務をするのがよいか。各チームのFAQリーダーだからではなく、マネージャーとして、SVとしてという役割での業務セットを場合によって求めていく	役割定義が必要
	新しい取り組みのネタが尽きてきた		
	各チームのFAQ担当リーダーの業務が忙しくなってきた		
全チームに、新しい施策を下していくことに反応が悪い	効果が出てきたチームとそうでないチームが分かれてきた	運用が定着したことで、新しいチャレンジをそれぞれが考えはじめている。そのワクワク感をチャレンジさせていく	全体のコンサルから、個々のチーム単位でのコンサルにシフトする
	各チームでやってみたい取り組みが出てきた		
	各チームで今の運用が定着してきた		

料だ。FAQの導入効果が出はじめて、他への展開（成果の拡大）を進めたい時期で、より早く「現場へ任せていきたい」時期と、現場からの独自のアイディアが出はじめた時期だ。

　こうした独自性は、チャレンジしてもらうことがよい。全体へ「カテゴリはこう作るとよい」と方向性は示していたが、「私たちはこの方が使いやすい」というアイディアがあった。そのチームは、最終的には3回もすべてのカテゴリを作り直すことにチャレンジしていた。その取り組みもまた、活用できるノウハウだ。

　少なくとも、FAQ運用にネガティブな状態と比べれば、各チームから「こうしてみたい」とアイディアがどんどん出ている状態がよい。どんどん新しい取り組みを進めて、効果が出た施策はどんどん褒めていこう。

第6章

FAQソリューションを効果的に活用しよう

~ツール化~

6-1 現場に合ったソリューションを選定する

　FAQソリューションを選定する際には、現在抱えている課題に加えて、中長期の戦略、所属組織の特性によって検討したい。

　例えば、Webサイト運営部門の場合なら、成長戦略から数年以内に複数の新規サービスを展開していく予定がある、コンタクトセンターの場合は拠点の分割・統合の予定がある、教育部門の場合なら教育プログラムの改訂が予定されている、といったことだ。FAQ運用で効果を出すために、現場では試行錯誤が行われてきているため、FAQの運用変更や、FAQソリューションの乗り換えは現場への負担が大きい。現在の課題だけを焦点にFAQソリューションの選定を進めると、頻繁に現場への負荷がかかり、FAQ運用が進化しない。このため、「今後の変化」まで見据えておきたい。

　シンプルにFAQコンテンツが作成できればよいと、エディタ機能だけが搭載されたソリューションを導入した場合でも、FAQコンテンツが充実してくると、「一括でデータをエクスポートしたい」「複数のサイトに公開したい」「マネージャー以上だけが閲覧できる制限をかけたい」など、さまざま

■図6-2-1　FAQソリューションの評価軸

	自社構築	既存サイトの利用	
機能 登録〜分析、検索などの機能が豊富に揃っているか	○ 機能は自由に選定可能。コスト都合で種類は少なくなる。	△ 変化はないが流用可能と判断できるだけの状態にある。	
カスタマイズ 企業独自の機能カスタマイズの可否	◎ いつでも自由に可能。	× タイミングは自由だが、背景を考えると実現はない。	
コスト 導入にかかるコスト、月額費用	△ 機能開発・導入は数百万円規模になる見込み。	◎ 追加導入がないためコストはかからない。	
ノウハウ サポートまたは運用支援	× 自社内での解決が必要。	× 自社内での解決が必要。	
進化 時代の変化に応じた機能改善の有無	△ アップデートはいつでも可能。その都度、コストがかかる。	× タイミングは自由だが、背景を考えると実現はない。	

な要望が出てくる。そのたびに、機能の見直しと、場合によってはFAQソリューションの乗り換えを行うと負荷が大き過ぎる。

　また、人事異動が多い企業では、FAQコンテンツを複数の部門で運用できるか、機能面と社内セキュリティの確認をしておこう。突然の人事異動で「運用担当者が他部門へ異動してしまったので」と、社員のナレッジを蓄積できないままのケースが発生する。異動後も、FAQコンテンツを登録・更新できる仕組みを構築しておくと安心だ。

　FAQサイトの運営では、FAQコンテンツの作成機能以外でも、継続して安定した稼働を実現するための機能や運用方法が重要になる。現場で活用されるFAQソリューションを選定したい。

6-2　ソリューション選定の評価軸

　FAQサイトの運営は、FAQサイト運営部門にとって最適な方法で進めてほしい。

　図6-2-1は、FAQサイトの構築方法と、評価軸を一覧化したものだ。一般

	クラウドソリューション	「アルファスコープ」
	○ 最低限の機能が揃っている。 製品によっては追加費用が必要。	◎ 分析機能、検索機能など機能数だけではなく精度が高く評価が高い。
	△ 場合によって可能だが、追加費用がかかる。	△ 場合によって可能だが、追加費用がかかる。
	○ 製品によって異なる。	○ 月額10万円〜利用可能。
	○ 製品によってコンサルタントがいるが、個社、リリースまでの個別コンサルはしない。	◎ コンサルタントの活用支援も月額費用に含む。個社、リリースまでの個別コンサルも対応可能。
	△ 基本、年1回程度の機能追加。 製品提供企業で新機能を検討。	○ 年3回程度の機能追加。追加費用は不要。 新機能の大半は導入企業からの改善要望を実装。

に、自社ですべての機能を開発する「自社構築」、今のサイトや機能を使い続ける「既存サイトの利用」、機能やノウハウの提供まで支援する「クラウドソリューション」の３つの方法がある。図では、これに加えて、弊社が提供するアルファスコープを評価対象に入れている。縦軸には「機能」「カスタマイズ」「コスト」「ノウハウ」「進化」の５項目を用意した。

「機能」は、システムの専門知識がなくても簡単にFAQコンテンツを作成できる機能から、作成済みFAQコンテンツを編集して承認依頼を行う機能など、作成に関する機能。参照数や検索ワードランキングと一般的なものから、作成すべきFAQコンテンツを発見するFAQコンテンツホール分析や、０件ヒットワード分析などの分析機能。検索性を高めるための辞書機能や、公開サイトのデザインを自由に設定できる機能など、機能面の評価となる。

「カスタマイズ」は、運用の変化で、ある機能が追加で必要になった場合などに対応できる柔軟性から、企業独自のワードや名称を画面に設定したいなどの独自性など、カスタマイズがしやすいかどうかの評価となる。

「コスト」は、自社構築の場合、機能開発に関わるコストが中心となるが、クラウドソリューションの場合は、導入時にかかる初期費用、運用にかかる月額費用が該当する。これらの費用面の評価となる。

「ノウハウ」は、FAQサイトの運用で困った時に頼れる人がいるかどうかだ。クラウドソリューションの場合は、使い方を案内するサポートデスクに加えて、課題を解決するためのコンサルティングが対象だ。このノウハウの評価となる。

「進化」は、世の中の変化に機能や運用が同じく進化を遂げられるかだ。すでに主流になっているスマートフォンや、チャット機能やチャットボット機能など、今後、世の中でチャットが主流になった時に機能が同じく進化できるかどうかの評価となる。

これらの評価軸をもとに、それぞれの構築方法を評価してみよう。

自社構築のメリットは「柔軟性」だ。必要な機能だけを開発し、組織運営

の変化に応じて機能を改修したり、最新の技術を搭載することができる。また、企業によっては、提供元の保守サポートが終了しているWebブラウザを使用している場合があるが、そのWebブラウザを対象に機能化することもできる（一般に、クラウドサービスは保守サポート期間中のWebブラウザを対象とするため）。デメリットは「コスト」だ。例えば、FAQサイトに必要な機能の中で、検索機能だけを開発するとしても数百万円規模の開発費が必要になったり、開発にかかる人件費なども自社負担になるなど、コスト負担が大きい。また、FAQサイトで必要な検索機能が何であるかという市場ニーズや、他企業での活用事例のノウハウを得られる機会も少ない。

　既存サイトの利用のメリットは「コスト」だ。自社構築に比べて、今あるものを使うため、追加コストがかからない。デメリットは「進化」だ。カスタマーが利用するデバイスが進化しても、カスタマーの問い合わせ傾向が変化しても、FAQサイト自体は進化しないという課題はある。ただし、「今のままでも運営が可能だ」と判断できた場合は、FAQサイト自体に大きな課題はないと想定できる。

　クラウドソリューションの場合のメリットは「コスト」と「機能」だ。機能開発には高額な費用がかかると前述したが、FAQサイトを構築し、FAQコンテンツを登録〜分析するまでに必要な多くの機能が搭載されていて、これらを一定の金額で利用できる。また通常は、サポートデスクや運用コンサルティングが、FAQサイト運用上の課題に対してアドバイスしてくれる。さらに独自の機能開発の必要がないため、FAQサイトを数週間でリリースできる場合もある。小規模の新規サービスを短期間でローンチ（launch：新しい商品やサービスを世に送り出すこと）する場合や、大規模なカスタマートラブルで専用のWebサイトを急遽構築する場合など、短期間で構築する際に選択されることもある。デメリットは「カスタマイズ」だ。自社構築と違って、独自性の高い機能ニーズに対する柔軟性は低い。

　アルファスコープは、一般的なクラウドソリューションに加えて、「機能」

「ノウハウ」「進化」に力を入れている。この後に述べる、検索機能、オペレータ向けの専用検索画面、トラブルシューティング（分岐型設問）機能、FAQコンテンツの正確なブラッシュアップを実現する豊富な分析機能、それらの機能を活用して効果を最大限に引き上げるコンサルティングノウハウがある。

　これらの違いを念頭に、FAQサイト運営部門にあった方法でFAQソリューションを選択してほしい。

　既存サイトの利用では、実現したいことは多くあるが、予算の関係で仕方なく選択する場面も多いだろう。この場合には、図6-2-2にあるような、機能開発なしでも「すぐに改善できる11項目」を参考にしてほしい。分類軸には、「誘導」「UI」「カテゴリ」「表記」「カバー率」がある。

　「誘導」は、WebサイトからFAQサイトへスムーズに遷移し、FAQサイトを参照してから問い合わせができるような遷移になっているかといった指標だ。「UI」は、特定のFAQコンテンツを表出させたり、FAQサイトもWebサイトの一部であるデザインになっているかという指標である。「カテゴリ」は、FAQコンテンツをカテゴリ分けして絞り込みやすくし、探し

■図6-2-2　すぐに改善できる11項目

分類		項目
誘導	1	トップページから遷移できるか？
	2	FAQサイトを通過してから、問い合わせフォームに遷移しているか？
UI	3	よくある問い合わせに対するFAQコンテンツは、別に表出されているか？
	4	FAQサイトが、製品のイメージと異なった作りになっていないか？
カテゴリ	5	同じ(似た)内容のFAQコンテンツで分類がされているか？
	6	カスタマーが想起しやすい名称・並び順になっているか？
表記	7	表記揺れがないか？
	8	社内用語・専門用語を使用していないか？
	9	理由だけではなく、解決するための方法まで書かれているか？
	10	改行・図の配置など、読みやすいレイアウトになっているか？
カバー率	11	よくある問い合わせに対するFAQコンテンツが、網羅されているか？

やすい並び順になっているかという指標。「表記」は、参照したFAQコンテンツで解決につながるように、表記揺れやレイアウトまで改善できているかという指標である。「カバー率」は、問い合わせデータ（コールリーズン）から、セルフサポートを実現したい内容がFAQコンテンツに登録されているかという指標を指す。

これらの項目は、新たな機能開発がなくても、運用の見直しやWebサイトの設定で改善が可能だ。

6-3 FAQサイトに合わせた検索軸を設計する

以下、第6章3節〜6節まではFAQソリューションで実現する機能を具体的に説明するため、アルファスコープが備える機能を例にとり解説していく。

FAQソリューションで最も重要視されるのは「検索」だろう。

多くのFAQコンテンツから、いかに簡単に素早く目的のコンテンツを探しだして参照にたどり着けるかが重要だ。また、検索は最も多く活用される機能のため、検索精度の良し悪しが、FAQソリューションの良し悪しにつながると言っても過言ではない。

図6-3-1は、アルファスコープに搭載されている検索方法と、どの場面でその機能が活躍するかを一覧にしたものだ。全16項目あるが、どの検索機能も多くのFAQコンテンツから必要なFAQコンテンツに素早くたどり着くために必要な機能だ。

カテゴリ検索は、カテゴリをクリックするだけで、そのカテゴリに登録されているFAQコンテンツを絞り込むことができる。「会員登録」や「資料請求」などと分類されていれば、その分類で絞り込むことが可能だ。また、複数のカテゴリから選択する方法もある。

キーワード検索と自然文検索は、ワードを入力して検索する方法だ。**図6-3-2**に示したが、完全一致したキーワードのみが検索結果に表示されるキーワード検索に比べ、類似度の高いFAQコンテンツから表示できるのが

■図6-3-1 アルファスコープに搭載されている検索機能一覧

| No. | 対象 | | 検索方法 | | |
	公開	オペレータ	名称	機能内容	
1	●	●	カテゴリ検索	カテゴリをクリックすると所属コンテンツのみに絞り込みが可能	
2		●	複数カテゴリ検索	絞り込みたい対象カテゴリにチェックをして絞り込みが可能	
3	●	●	キーワード検索	特定のワードを入力して検索	
4	●	●	自然文検索	キーワードを意識せず話し言葉で入力して検索	
5	●	●	ID検索	コンテンツIDを指定して検索	
6	●	●	属性検索	自由に検索軸を作成・設定し検索	
7	●	●	ワードクラウド	表示された単語をクリックして検索	
8	●	●	関連コンテンツ	参照中のコンテンツと関連の強いコンテンツをクリックして検索	
9	●		あなたが見たFAQ	利用者の端末で過去に参照したコンテンツをクリックして検索	
10	●		フリースペース	自由に設定できるフリースペース（コンテンツやカテゴリへのリンク設定が可能）	
11	●		新着パーツ	最近登録・更新されたコンテンツをクリックして検索	
12	●		人気パーツ	参照数の多いランキングからコンテンツをクリックして検索	
13	●		注目パーツ	任意に指定した重要度の高いコンテンツをクリックして検索	
14	●	●	ランキング	参照数・評価数などのランキングからクリックして検索	
15		●	閲覧履歴	そのオペレータが当日に参照した履歴からクリックして検索	
16		●	お気に入り	オペレータごとに設定したお気に入りコンテンツをクリックして検索	

　自然文検索だ。あいまい検索とも呼ばれる。例えば、引っ越しの費用を知り
たい時に、「引越し　費用」で検索してもヒットしないFAQサイトがある。
キーワード検索の場合、「引越し」と「引っ越し」では、ワードが異なるため
検索対象にならない。自然文検索の場合は、類似度というパーセンテージ
で表示される。類似しているFAQコンテンツを検索できる一方で、登録さ
れている文章全体に対して類似度を算出するため、完全一致しているワー

価値を高める補足機能	検索者にとって嬉しい場面 （※は運営側にとって嬉しい場面）	ダイレクト遷移
検索ワードクリア機能、アイコン設定機能	サービスや場面でまずコンテンツを絞り込みたい	－
	複数のサービスや事象をまたがる検索をしたい	－
	想起できるワードがある場合	－
検索精度の異なる3モードを選択可能、いき値設定機能	多少あいまいではあるがワードによる絞り込みをしたい場合	－
ダイレクト参照画面遷移機能	ダイレクトに特定IDのコンテンツを表示したい	●
	製品名やURLなど独自の指標で絞り込みをしたい	－
表示割合設定機能	検索ワードを入力せずに簡単に検索をしたい	－
自動算出／任意コンテンツ表示機能	再検索せずに近しいコンテンツを複数参照したい	－
	以前に参照したコンテンツを再検索せずに参照したい	●
	（※特定のカテゴリ／ワードを目立たせて誘導したい）	△
新着日いき値設定機能	新サービスなど新しい情報をまず参照したい	●
参照数いき値設定機能、対象期間設定機能	他の利用者も多く参照しているコンテンツを参照したい	●
重要度いき値設定機能	（※セルフサポートにつながるコンテンツの参照に誘導を強化したい）	●
カテゴリ絞り込み機能	問い合わせが多いコンテンツから参照したい	△
	午前中／先ほど参照したコンテンツをすぐ再表示したい	●
	よく参照するコンテンツをスムーズに参照につなげたい	●

ドがあっても、常に最上位に表示されるとは限らない。確実に特定できるワードがあれば、キーワード検索を使用した方が、参照したいFAQコンテンツに素早くたどり着ける場合もある。傾向として、カスタマー向けの一般公開サイトでは自然文検索を使用し、応対に慣れているオペレータはキーワード検索を使用している。とくにオペレータは、どのFAQコンテンツがどこに登録されているかを想起できるため、幅広く検索するよりも、

キーワード検索する方が早く回答できると想定できる。

　また、自然文検索にも３つのモードがある。標準的なモードから、検索したワードの位置情報を加味して精度を高めたモードや、位置情報などは関係なく幅広く抽出して漏れを防止するモードだ。精度を重視するモードでは、例えば、「東京で引越しをする場合」と「東京から今年中に引越しをする場合」と２つのFAQコンテンツがあった際に、「東京 引越し」で検索すると前者のFAQコンテンツが上位に表示される。２つの文字の位置関係が近いためだ。検索精度は、こうあってほしいという結果イメージと、実際の検索結果がいかに一致しているかが評価のポイントになる。つまり、かなり良い精度で検索をした場合でも、FAQサイトによっては「このワードで検索した場合は、このFAQコンテンツは検索対象にしたいが、こちらのFAQコンテンツは検索対象外にしたい」という検索結果に対する期待が異なる。この異なる期待に合わせた結果に近づけるために、３つの自然文検索モー

■**図6-3-2**　文章でできる自然文検索機能

| デジタルカメラの画像をプリンターで印刷するには？ | 検索 |

デジタルカメラ画像 を プリンター で 印刷する には……	類似度 89%
デジカメ画像 を プリンター で 印刷する 場合には……	類似度 76%
デジタルカメラ の写真を プリンタ で出力する 方法について ……	類似度 67%
プリンタ で写真を 印刷する には……	類似度 50%
デジタルカメラ の使用 方法 について教えてます……	類似度 40%

検索モードの違い
■漏れ防止モード
　例）「京都」で検索すれば「東京都」がヒットします。
■標準モード
　区切りを考慮・判別して、類似度で検索します。
　例）「京都」で検索して「東京都」がヒットしません。
■精度重視モード
　検索キーワード同士が近接する文書を上位に表示します。
例）「京都 大学」で検索した場合、(1)の文書を上位に表示します。
　(1)「京都 にある 大学 の一覧は以下の通りとなります……」
　(2)「京都 に現在在住しているAさんは、九州に生まれ……九州育ちで……九州の 大学 に進学しました」

■図6-3-3　ワードクラウドによる検索のイメージ

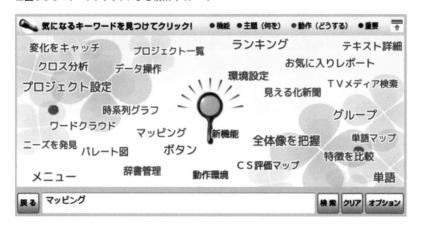

ドから選択できる。

　ID検索は、FAQの「FAQコンテンツID」を把握している場合に活用する。通常、IDを覚えているケースは少ないが、オペレータがSVから指示を仰ぐ際に、FAQコンテンツIDを伝えられて直接参照する場合などに使用する。

　属性検索は、自由に検索軸を設定できる方法だ。多くの製品を扱っているFAQサイトでは、まず製品名（型番）で絞り込む場合がある。製品名で絞り込まずに「再発行手続き」と検索すると、異なる型番の手続き方法まで表示されるため、まずは製品名で絞り込んでから検索を続ける方法だ。また、電話・メールの両方に対応しているコンタクトセンターでは、電話対応用FAQコンテンツか、メール対応用FAQコンテンツかで絞り込む場合がある。電話対応の場合は、まず「電話用FAQコンテンツ」で絞り込み、そこからカスタマーの問い合わせ内容に沿ってワード検索などを行う。自由に検索軸を設定し、カテゴリ検索やワード検索と組み合わせていく方法が一般的だ。

　図6-3-3に示したワードクラウドは、あるスペースに特定のワードがプロットされていて、クリックしていくだけで検索が進む機能だ。とくに、カ

スタマー向けのFAQサイトで利用されている。PCに多く触れている会社員の場合は、スペース区切りで複数ワードのAND検索に慣れているが、一般カスタマーにはあまり活用されていない。アルファスコープ導入企業の複数サイトのデータを調査したところ、スペース区切りで複数ワード検索がされていたのは全体の18.8％にとどまった。一方、ワード検索を実行した後にFAQコンテンツの参照につながったデータを見ると、全体の39.3％がスペース区切りの複数ワード検索を行っていた。つまり、複数ワードによって検索対象をより絞り込むことができれば、知りたい情報を簡単に見つけることができたのではないかと想像できる。ワードクラウド機能は、スペース区切りの複数ワード検索の方法を知らないカスタマーでも、表示されているワードをクリックし続けていくことで複数ワード検索が活用できる機能だ。

　関連コンテンツは、ECサイトにある「この商品を買った人は、この商品も買っています」とリコメンドする機能と同様だ。あるFAQコンテンツを参照した後に、どのFAQコンテンツを参照したのかを分析し、参照画面に表示する。例えば、「パスワードを忘れた」FAQコンテンツを参照した後には、「パスワードを再発行したい」FAQコンテンツの参照が多くなる場合、「パスワードを忘れた」FAQコンテンツを参照した後に、再度検索し直さなくても、その画面で関連性の高いFAQコンテンツが表示されるため、1クリックで「パスワードを再発行したい」を参照できる。

　あなたが見たFAQは、そのカスタマーが以前に参照したFAQコンテンツの履歴を表示する。以前に参照した記憶があるが、また同じFAQコンテンツを参照したい場合に、検索し直さなくても履歴から参照できる。

　フリースペース、新着パーツ、人気パーツ、注目パーツは、一般公開サイトで利用する。FAQサイトの画面上に、自由にバナーを設定できる「フリースペース」、登録・更新日が新しいものから表示できる「新着パーツ」、参照数が多いものから表示できる「人気パーツ」、指定したFAQコンテンツのみを表示できる「注目パーツ」だ。カテゴリ検索、ワード検索をする前に、

まずFAQサイトのトップに表示することで、目的に該当するFAQコンテンツがあれば1クリックで参照できる。

ランキングは、参照数が多いFAQコンテンツ、評価数が多いFAQコンテンツ、検索が多かったワードをランキングで表示する機能だ。検索回数が多かった検索ワードをFAQサイトのトップに表示して、いまどのようなワードで多く検索されているかをカスタマーに気づきとして提供する。

閲覧履歴、お気に入りは、オペレータ向けの専用機能だ。オペレータがその日に参照した閲覧履歴を表示できる。オペレータは終日、カスタマー対応をしているため、同じ問い合わせを複数回対応する場合がある。「午前中に同じ問い合わせが入った」などの場合に、再度検索をし直す必要なく参照できる。お気に入りは、Webサイトのブックマークと同様だ。オペレータがよく間違ってしまうFAQコンテンツ、後で復習しておきたいFAQコンテンツ、エスカレーションが必要なFAQコンテンツなど、自由にカテゴライズして保存できるため、再度参照する場合に便利だ。

「検索」機能とひと口で言っても、これだけ多くの検索軸がある。FAQコンテンツはどんどん増えていくが、これを上手く管理していくことで、探しやすく充実したFAQサイトを構築できる。また、複数の検索軸を組み合わせて利用することも多い。一般的には、まずカテゴリで絞り込み、ワード検索でさらに絞り込む方法が有効である。これに上述した属性検索を組み合わせると、さまざまな検索パターンを実現できるだろう。運営しているFAQサイトに合わせた検索軸を設計することで、FAQの参照率が向上し、よりセルフサポートが進んでいく。

6-4 オペレータエクスペリエンスを重視

カスタマー対応において、オペレータは単に質問に対して回答をするだけではない。応対全体を支援するツールが重要になる。

カスタマーからの問い合わせに対して、コンタクトセンターのオペレー

タは、どのようにしてFAQコンテンツを検索しているだろうか。電話対応の場合は難しく、カスタマーと会話をしながらFAQコンテンツを探さなければならない。

　一般に、カスタマーからの問い合わせを受けた際、電話対応の場合はその場で回答し、メール対応の場合は返信を作成する。場合によって、回答前にエスカレーションがある。そして、回答後に応対記録データベースへ記録するまでが一連の流れだ。

　図6-4-1は、上述の問い合わせ対応の流れを示しているが、これらそれぞれの場面でオペレータを支援する機能が必要だ。

　問い合わせ内容に対して、適切なFAQコンテンツを検索するには、まず第6章3節で述べたワード検索が効果を発揮する。電話対応では、カスタマーと会話しながら検索キーワードを考えるのは難しいが、カスタマーの質問をそのまま文章で入力すれば、自然文検索機能で類似度の高いFAQコンテンツを検索できる。表示された検索結果一覧を、1つ1つ詳細画面を参照せずに探せるのがプレビュー機能だ。また、最近増えている問い合わせであれば、他のオペレータも参照しているため、参照数が多くなっている。直近で開始されたキャンペーンのFAQコンテンツは、登録・更新日が新しい。こうしたFAQコンテンツは、ランキング機能でワード検索せずに探し出せる。

　ベテランになると、マウスを使用せずにキーボードのみで検索を進める。これはショートカット機能だ。検索に関するボタンをCtrl＋Tなどと自分自身の使いやすい設定にカスタマイズできることも重要だ。

　また、画面の色や文字サイズの好みもそれぞれ違う。女性が大半を占める、あるコンタクトセンターでは、「どの色がオペレータに人気があるか」をアンケート調査したところ、「グレー」が一番人気だった。落ちつく色が評価されたそうだ。こうした細かな画面デザインのカスタマイズができるのも、1秒を争うカスタマー対応の現場では重要となる。

　メール対応の場合は、コピー系の機能が活用される。操作案内などの

■図6-4-1　オペレータの問い合わせ対応を支援する機能

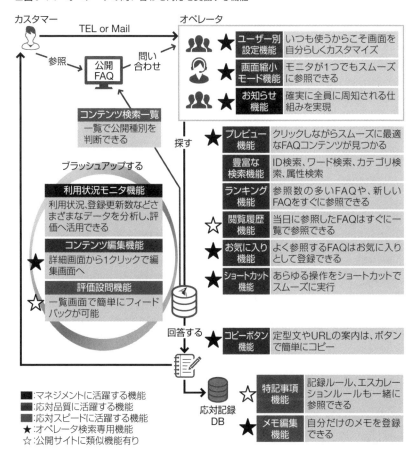

　FAQコンテンツが、FAQサイトに掲載されている場合、メール回答文に同じ内容を記載せずに、FAQコンテンツへのリンクを記載し、「FAQをご覧ください」と回答する。FAQサイトへ誘導することで、メールでのレイアウト崩れの懸念が解消されることに加え、「次回からFAQサイトを検索すればよい」という、FAQサイトへの誘導を強化できる。また、FAQが参照されれば参照数にカウントされ、分析にも役立つ。

　そして、コンタクトセンターで最も活用されているのは、特記事項機能

■図6-4-2　コンタクトセンターでの情報周知方法

方法	問題	対象者の絞り込み
朝会での周知	シフト勤務制の場合、全員揃わない 口頭の場合、振り返りができない	△ 朝会参加者全員が対象
紙の配付	日々配布される資料に埋もれる ファイルの最新化などが日々手間になる	○ 個別に配布可能
メール送信	日々受信するメールに埋もれる 都度メーラーで再確認の必要がある	○ 宛先指定が可能
お知らせ管理	―	○ 可能(個別ユーザー、チーム指定)

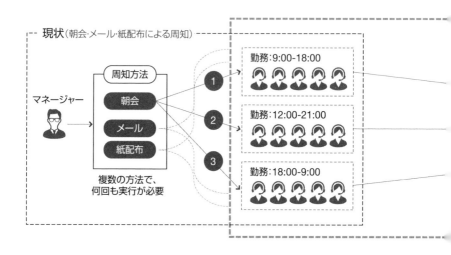

とお知らせ機能だ。特記事項機能は、質問・回答に加えて、応対に必要な情報を記録・表示できる。例えば、エスカレーション先、登録するコールリーズンナンバーなどだ。カスタマー対応では、問い合わせに回答するだけでなく、カスタマーの声を改善につなげるVOC（Voice of Customer）活動の観点で、コールリーズンの運用も正しく行う必要がある。オペレータの後処理で間違いが多く見られるケースに対しては、カスタマーに回答しない情報の項目として、特記事項が活用される。例えば、人体被害などのデリケートな問い合わせは、SVが必ず対応するため、「この問い合わせはSVへエスカレーション必須」などと登録しておく。これらの情報も、応対全体の品質を維持するために必要だ。

既読管理	未読者へのフォロー
× 参加者を日々管理しない	不安な事項は、日々周知を繰り返し実施
△ 配布時、不在者の管理は不可	不安な事項は、日々周知を繰り返し実施 もしくは全体に声掛けを実施
△ 開封確認にて可能だが日々管理が困難	不安な事項は、未読者に再送信を実施 もしくは全体に声掛けを実施
○ 可能(ユーザーごとに既読日時を確認可能)	未読一覧から、未読者に対象コンテンツを指定して声掛け

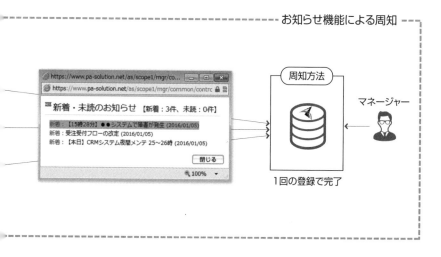

　お知らせ機能は、オペレータを含む社員への情報周知ツールとして活用される。通常、商品・サービスの新しい情報やオペレータの勤怠情報は、朝会で伝えたり、メールで送信したり、印刷して配付するなどの方法が多く、マネージャーは「正しく周知されているのか」を常に不安に感じている。**図6-4-2**は、周知の方法と相違点を示したものだ。朝会での周知では、欠席・遅刻したメンバーには共有できないケースがある。印刷して配付する場合は、机上に積み上げられていったり、紙には期間設定ができないため、どの情報がいつまで必要なのかを管理しきれない。メール送信も同様で、どんどん溜まっていくメールに埋もれ、誰がメールを読んだのかすら確認が難しい。24時間対応のコンタクトセンターなど、シフト勤務体制を敷いてい

る場合は、シフトごとに繰り返し同じ方法を取る場合もある。そして、周知できているかどうか不安に感じると、同じ周知方法を繰り返し行うことになる。これが、オペレータが数十名以上のコンタクトセンターではさらに負荷が大きくなる。

こうした課題をすべて解決できるのが、お知らせ機能だ。方法は簡単で、対象者をチームかメンバーで選択し、公開期間を設定し、FAQコンテンツを作るのと同様にエディタ機能で周知情報を作成するだけで即時、周知が可能だ。そして、誰がいつ参照したのか既読／未読チェックも可能なため、未読者に対して個別にアプローチできる。設定した公開期間だけ参照が可能なため、オペレータが個別に印刷物を廃棄したり、メールを削除する必要もない。コンタクトセンターでは、日々、製品に関する最新情報や、オペレータの欠勤・遅刻に関する情報が周知されている。最新の情報を適切に周知していくことも、品質維持には欠かせない取り組みだ。

オペレータは、数百件あるFAQコンテンツの中から、検索機能で簡単にFAQコンテンツを検索できる。場合によって、適切にSVにエスカレーションできる。最新の情報は、お知らせ機能でいつでも振り返りが可能で、回答後のコールリーズンも間違いなく登録ができる。オペレータが「こんなに便利なんだ」と実感できる機能を活用して、カスタマーへ品質の高い回答を提供したい。

6-5 コンテンツの総合プロデューサーに

FAQコンテンツは参照されてこそ効果が期待できることは第8章で述べるが、参照数を上昇させるための機能についても触れておきたい。

FAQサイトにおいて、まず重要なのはトップ画面の設計だ。FAQサイトに訪問して、その画面にどれだけの情報が詰まっているかが最初のポイントになる。

通常、トップ画面には、企業ロゴなどを含んだヘッダー情報と、他の

Webページへのリンクが羅列されているフッター情報、その中間にはカテゴリやFAQコンテンツへのリンクが設定されている。

　トップ画面で活用したい機能は、「注目のFAQ」パーツ、「よく利用されているFAQ」パーツ、「新着FAQ」パーツ、ワードクラウドだ。これらの機能は、第6章3節で述べた。実際、多くのサイトで「人気FAQ」（参照数が多いFAQコンテンツを自動で表示する）機能は実装されているようだが、「注目のFAQ」（任意で指定したFAQコンテンツを表示する）機能はあまり見かけない。注目のFAQは、実際にカスタマーが参照しているFAQコンテンツと、問い合わせが多いFAQコンテンツが異なるため、カスタマーの問い合わせ削減に効果を発揮する。例えば、Web広告系のFAQサイトでは、「掲載料金はいくらですか」など金額に関するFAQコンテンツの参照数が多くなる。カスタマーが抱えている問題ではないが、興味本位で参照数が高くなるためだ。注目のFAQは、任意で表示ができるため、自己解決してほしい問い合わせに関連するFAQコンテンツをFAQサイト運営部門が指定できる。アルファスコープでFAQサイトを公開している企業で、よく利用されているFAQのFAQコンテンツが注目のFAQと合致しているのは、全体の14.5％にとどまった。つまり、問い合わせ削減が目的の場合、参照数の多いFAQだけを表示していては期待どおりの効果が得られにくいということだ。注目のFAQ機能を活用すると、よりセルフサポートが進む。

　また、「人気FAQ」などでトップページへ表示しない方がよいケースもある。FAQコンテンツ単位で「表示する／表示しない」の設定が可能だ。通常のコンテンツは表示する設定でよいが、「退会したい」「解約したい」「トラブルが起きた時」などネガティブな内容は、多くのFAQサイトで表示しない設定にしている。実際、これらのFAQコンテンツの参照数は、多くの企業で上位を占めているが、参照数のトップが「退会したい」だとWebサイト自体のイメージが悪くなるため、トップページには表示しないのが一般的だ。

　また、FAQサイトの利用状況分析データから、それぞれの機能の配置や

サイズをカスタマイズしたい。カスタマーの検索に効果的なワードクラウド機能の利用率も、あるFAQサイトでは検索数全体の20％以上を占めているが、別のFAQサイトでは5％強にとどまっている。ワードクラウドがよく利用されているFAQサイトでは、トップ画面に大きく表示することで検索性が高まるが、あまり利用されていないサイトでは、ワードクラウドより「注目のFAQ」や「よく利用されているFAQ」パーツを表示するなど、最適な配置に取り組みたい。

　トップページへの表示が重要だという理由は、図6-5-1を参照してほしい。これは、あるFAQコンテンツの参照数と、その問い合わせの推移を示している。数百件あるFAQコンテンツの中で、セルフサポートを実現したいFAQコンテンツが、あるカテゴリに登録されていたが、参照数が伸びずに問い合わせも減少しなかった。このFAQコンテンツをトップページの注目のFAQに配置したところ、参照数が7倍に増加し問い合わせは減少した。この後、注目のFAQから登録を解除すると、参照数は減少して問い合わせが再度増加した。

　トップページはスクロールせずに表示できている画面範囲内に、どれだ

■図6-5-1　セルフサポートを促すにはトップページへの露出が大事

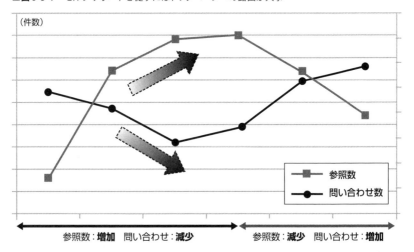

けの情報を配置するかがセルフサポートの結果に影響する。FAQコンテンツの表示を工夫していくと、さらに効果を高めることができるだろう。

6-6 ソリューションが実現する、FAQの新たなカタチ

　FAQソリューションに以前にはなかった機能も、FAQサイトの運用に合わせて進化を続けている。

　まず、図6-6-1のようにスマートフォンをはじめ、さまざまなデバイスに対応できるようになった。単純にレスポンシブ表示（PC、スマートフォンなど、異なる画面サイズの幅を基準に、見やすくWebサイト表示を自動調整する方法）せず、PCとスマートフォンのそれぞれの設定が可能で、デバイスに応じた最適な表示方法を設定できる。また、PCとスマートフォンでは、Webサイト上の画面も手順も異なることがある。1つのFAQコンテンツで、PC用とスマートフォン用の回答を作成できるため、それぞれで異なるFAQコンテンツを作成しなくても、アクセスされたユーザーエージェントを判別して、該当する表示を自動選択できる。アルファスコープを利用

■図6-6-1　デバイスに応じて最適な表示が可能

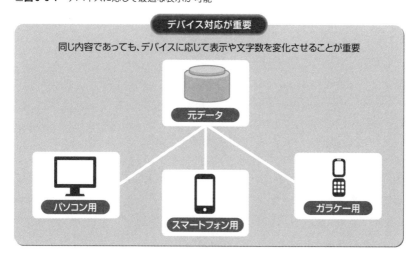

している各社のFAQサイトで利用デバイスのシェアを分析したところ、全体の47％はスマートフォンで検索されていた。つまり、カスタマーへFAQサイトを公開していながら、スマートフォン用サイトを用意していないと、多くのケースで見づらいFAQコンテンツとなってしまう。FAQサイトを利用するカスタマーのデバイスにも順次対応が必要だ。

また、第1章5節でも述べた「SEO機能」も搭載されている。通常は、WebサイトからFAQサイトへ訪問する形だが、Googleなどの検索エンジンからの流入を目的とした機能だ。検索エンジンで、FAQコンテンツに含まれる文字列が該当すれば、検索結果に表示され、FAQコンテンツからWebサイトへの流入を実現できる。例えば、カスタマーが「食材 安全性 通販」と検索エンジンで検索した場合に、「弊社で販売している製品は、行程のすべてを厳しく管理した安全性の高い食材を利用しています。販売サイトはコチラから」とFAQコンテンツが用意されていれば、そのFAQコンテンツが検索エンジンの検索結果に表示される。カスタマーは、そのFAQコンテンツを参照して、「コチラ」から販売サイトへ流入する。通常とはまったく反対の流れだ。しかし、年間2兆回を超えるgoogleをはじめとした検索エンジンの利用率は高く、マーケティングの観点から、カスタマーのニーズに合わせたワードでFAQコンテンツからWebサイトへの誘導を強化したい。

最近では、1企業で複数サイトの運営を行っているケースも多いが、これらを一元管理できることは1つの強みとなり、1つのデータベースで運用したい。これを実現するのが「マルチサイト機能」だ。ある企業では、10以上のWebサイトを運営しているが、1つのデータベースですべてのサイトを運営し、分析を行っている。また、オペレータ用FAQサイト、カスタマー向けFAQサイト、社内（社員）向けFAQサイトを併せて運用するケースも増えてきた。これらも、1つのデータベースでマルチサイトを構築して実現できる。複数のFAQサイトで利用するFAQコンテンツを、FAQサイトごとに作成する必要がなく、分析も全FAQサイトを統合して行える。

■図6-6-2　コミュニティツールの活用例

　さらに、社内イントラネット用のFAQサイトと、新人向けの教育用FAQサイトを構築するなど、FAQサイトの活用の幅は広がっている。
　そして、社内向けFAQサイトを構築するために必要なアクセス制限機能も充実している。リファラー（カスタマーがサイトへ流入する際に利用したリンク元のページの情報）や、IPアドレスによるアクセス制限も自由に設定できる。
　また、APIの利用も進んでいる。WebサイトからFAQサイトへ遷移せずとも、Webサイト上から特定のFAQコンテンツやカテゴリへ遷移する方法だ。Webサイト上に検索ボックスを設定し、入力されたワードで検索した状態でFAQサイトへ誘導したり、Webサイト上のある部分に「参照数の多いFAQ」を表示したり、FAQサイトへの誘導を強化できる。これらのAPIは無償で利用できるケースが大半で、Webサイトへの設置が進んでいる。そして、「このFAQで解決できませんか」とリコメンド表示するAPIを設置しているWebサイトも多い。これは、各Webサイトにある「問い合わせフォーム」に設置するが、カスタマーが入力した問い合わせ内容をもとに、送信前の確認画面でFAQをリコメンド表示できるものだ。一般に、問

い合わせをする前に多くの人はFAQサイトを閲覧しているが、閲覧せずに問い合わせをしてしまうカスタマーにも、FAQの参照を促すことができる。これにより、よりセルフサポートが進んでいく。

　最後に、コミュニティツールとしてのFAQサイトだ。コミュニティツールとは、一般にカスタマー同士がWebサイト上で質問と回答をし合う運用形態を言う。例えば、あるカスタマーが「このエラーが表示された時はどうすればいいですか？」と書き込むと、他のカスタマーが「その場合には――」と対応方法を書き込むイメージだ。企業側でFAQコンテンツの登録を進めなくても、カスタマーが書き込むことで情報が増えていくメリットがある。ただし、正しい情報が掲載されているとは限らず、間違った情報でCS低下を招く懸念から、コミュニティツールを導入しない企業や、コミュニティツールで検索しないカスタマーも多い。アルファスコープで推奨するのは、上手な使い方や工夫されたノウハウの共有ツールとしての活用だ。図6-6-2のように、社内で実施されたコンテストの事例から、受賞者が工夫した点や他の社員にも活用してほしいナレッジを掲載してみよう。全国にいる社員はコミュニティツールを参照できる（セキュリティ機能で、一般公開せずに社員にのみ限定公開が可能）。他にも、例えば、カスタマー同士で料理のレシピを投稿し合うコミュニティツールとして活用されたりしている。

　公開FAQサイトと異なる機能は、掲示板のように投稿された情報に感想を書き込める機能があることと、投稿に対して「いいね」ボタン機能があることだ。これを活用して、他の拠点にいる社員が「参考にして、私はこんな活用をしてみた」と新たなノウハウを生み出したり、「いいね」が一番多かった投稿を表彰したりできる。

　FAQサイトの代わりとして運用したり、FAQコンテンツが勝手に作成される目的として運用するのではなく、良いノウハウをさらに磨いていくためにFAQサイトの機能を活用して、コミュニティツールとして運用するのがお勧めだ。

COLUMN

コンサルタントが行うFAQサイトの評価

　アルファスコープでは「FAQサイト無料診断」を行っている。

　「このFAQサイトはどうですか？」と評価の依頼を受けた時に、いくつかの評価軸で分析し、結果をレポーティングする。評価軸は、FAQサイトへのたどり着きやすさ、FAQコンテンツの表示の工夫や、FAQコンテンツの表記の仕方、参照に至るまでを支援する機能など多岐に及ぶ。実際に、各企業で提供されている製品などを検索するところから、FAQコンテンツを参照するところまでの一連の流れを見ているが、無料診断では内部の運用を知ることはできず、あくまで公開されている情報のみが対象となる。

　この無料診断サービスを開始して、これまで多くの企業にレポートを送付してきた。傾向として、以前に比べてFAQコンテンツ数は各社とも多く、カテゴリ分けなどの分類も改善されている。FAQサイトのデザインは見やすく、FAQコンテンツの表記揺れなども、以前に比べて見られなくなってきた。半面、完全一致のキーワード検索のみだったり、検索ボックスがないなど、検索性が悪いサイトが多く見受けられる。FAQコンテンツが200件以上ありながら、検索機能がない場合もあった。

　FAQサイトの運営者も、こうした視点でいくつかのFAQサイトを評価（ベンチマーク）してみていただきたい。自社のFAQサイトに何が必要なのかが見えてくるはずだ。

第7章

輝くFAQコンテンツに
磨き上げよう

~ブラッシュアップ~

7

7-1 数値化と可視化が人を動かす

　登録すべきFAQコンテンツを登録し終えたら、次はブラッシュアップに入る。FAQコンテンツの各種分析データをもとに、新規登録、更新、削除を進めていき、常に最新で正確な状態を保とう。実際、FAQサイトを構築し、数多くのFAQコンテンツを登録し終えた時には、小休憩か、しばらく運用が停滞する。この間は、無理に新たなFAQコンテンツを登録せず、FAQサイトのログを蓄積する期間に充てよう。FAQサイトの規模にもよるが、通常は1カ月〜2カ月後には分析が可能なデータが蓄積されている。分析データを評価し、次へのステップを明確にする。

　図7-1-1は、アルファスコープの分析メニューから利用される頻度の高いものを一覧化している。PV数やログイン数など、FAQサイト全体を俯瞰して傾向を把握する「全体傾向分析」から、FAQコンテンツ単位で深く分析する「コンテンツ分析」、FAQサイト運用者の評価をする「ユーザ分析」までさまざまだ。

　中でも、検索数推移、カテゴリ分析、コンテンツ評価、0件ヒットワード、コンテンツホール分析は注目だ。検索数推移は、さまざまな検索方法の利用割合が把握できるため、画面のUI（ユーザーインタフェース）の見直しに効果を発揮する。カテゴリ分析は、どのカテゴリがどれだけ検索に使用されたのかを分析可能だ。この結果をもとに、カテゴリの設計を見直そう。多く検索されているカテゴリは、より階層を深く分けたり、検索数がほぼないカテゴリは統合できる。カスタマー向けFAQサイトでは、平均して7割以上がカテゴリによる絞り込みがされている。カスタマーが最初に利用するカテゴリ検索で、スムーズにスタートを切りたい。コンテンツ評価は、参照されたFAQコンテンツの評価点を分析できる。「参考になった／参考にならなかった」などの評価項目は、それぞれ評点を持てるため、FAQコンテンツ単位の評価点をモニタリング可能だ。この結果をもとに、FAQコンテンツを編集しよう。0件ヒットワードは、FAQコンテンツを検索した結

■**図7-1-1** アルファスコープで利用頻度の高い分析メニューの一覧

分析メニュー		効果		タスク			見直し対象		その他	
		問い合わせ削減	CS向上	登録	編集	削除	UI	カテゴリ	内部運用評価	辞書メンテナンス
全体傾向分析	PV・ログイン数	△	●						△	
	検索数推移	△	●				●	△		
	参照数推移	△	●					△		
	カテゴリ分析	●						●		
	ワードクラウド						●			
コンテンツ分析	参照ランキング	●				●	●	△		
	コンテンツ評価	●	●	△	●	△				
	参照率プロット	●			●	●				
	トラブルシューティング	●			●					
	0件ヒットワード	●				●		●		
	検索ワード分析	△	●		●					●
	コンテンツホール分析	●			●	●				
ユーザ分析	利用ランキング								●	
	評価ランキング								●	

果、「検索結果がありませんでした」と表示された際の検索状態を分析できる。どのカテゴリを選択して、どのキーワードを入力したら検索結果が出なかったのかを把握できるため、それをもとにFAQコンテンツを作成・編集したり、登録先のカテゴリを変更することで改善につなげる。コンテンツホール分析は、検索されたキーワードと、その結果の参照数を分析できる。多く検索されて、参照に至らなかったワードを抽出することで、FAQコンテンツの登録・削除に活用しよう。

　分析データをただ眺めて、問題を見つける方法は失敗しがちだ。仮説を設定してから、分析につなげよう。とくに分析メニューが多い場合は、分析データをただ眺めていても、課題は見つけにくい。図7-1-1にあるとおり、目的に沿って分析メニューを選択することが望ましい。

■図7-1-2　KGIの達成に向けた分析方法と実行内容

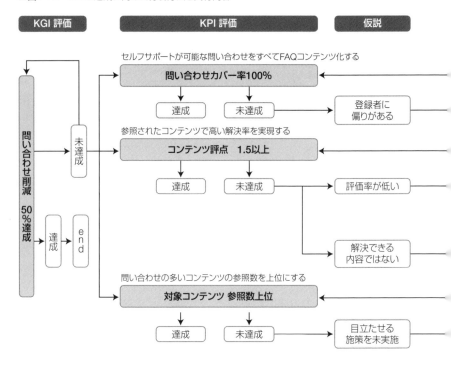

　図7-1-2は、KGIの達成に向けて、どのようにブレイクダウンして分析とアクションにつなげるかの一例だ。この例では、問い合わせ削減50%を目標に、セルフサポートが可能な問い合わせをまずすべて登録することと、そのFAQコンテンツが参照数ランキングの上位になり、さらにFAQコンテンツの評価が高くなることでセルフサポートが実現するという流れだ。KGIが達成できていない場合は、どのKPI項目が達成／未達成なのかを評価しよう。そして未達成の項目に、なぜ実現できていないのかの仮説を立て、それをモニタリングできる分析メニューと実行計画を立てる。実行した結果、モニタリングを継続しながら、定期的にその仮説が正しかったかどうかも含めて再検証する。

　FAQコンテンツの分析は、分析メニューから得られた定量的データから

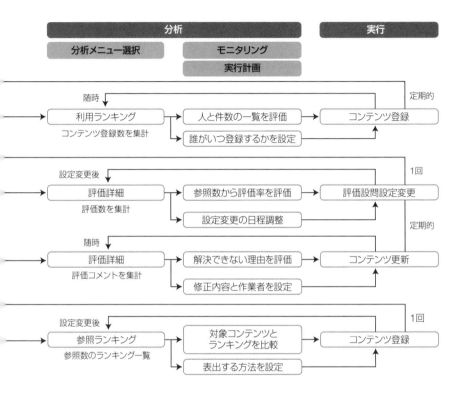

正しく方向性を決めることが重要だ。分析メニューから何ができるのかではなく、どの課題を解消していくために、どのような実行計画を立てて、どの分析メニューでモニタリングするのかという手順で進めたい。

7-2 評価データを集めよう

分析軸はいくつかあるが、最も重要なデータは「評価データ」だ。これをいかに多く取得できるかが、ブラッシュアップをスムーズに進められるかどうかにつながると言える。

電話・メールや対面によるカスタマー対応では、顧客情報に加えて、製品やサポートに対する評価を直接ヒアリングできるが、通常、FAQサイトは

一方通行のコミュニケーションだ。そのため、参照数や検索数などのログから、カスタマーのニーズを想定し、仮説をもとにFAQサイトの改善やVOC活動につなげていく。だからこそ、FAQコンテンツに対して直接のフィードバックを得られる評価データを多く取得したい。

　評価データを多く入手し、適切な改善を実行するためには、評価設問の作り方、見せ方、表示位置、改善結果のお知らせに取り組んでみたい。一般的なFAQサイトでは、FAQコンテンツを参照すると、例えば回答画面の最下部に「参考になりましたか?」「はい／いいえ」のラジオボタンがあり、チェックする方式になっている。この評価にあるいくつかの問題点を解決するために、次の施策に取り組んでほしい。

　まず、「はい／いいえ」では改善につなげられないということだ。評価の目的は、FAQコンテンツを改善していくことにある。「参考にならなかった」という評価データが集まったところで、どのようにFAQコンテンツを改善すればよいかが分からない。得られた評価で改善につなげられる設問を設定したい。

　図7-2-1は、評価設問の設定例だ。すべてを設定する必要はなく、この中から活用できる項目を使用してほしい。「所属カテゴリの見直しが必要」という評価がたまれば、「参考にならなかった」では分からなかった次のアクションが明確になるはずだ。

　次に、評価設問のデザインに目を向けたい。通常はラジオボタンでクリックする方式が多いが、これを画像に設定してみよう。視覚的に見やすくなることで、クリック率も向上する。同様に、評価設問の位置にも目を向けよう。一番下にあるのではなく、回答欄のすぐ下に表示することで、回答を参照した時に評価欄にも目がいく。評価項目に気づきやすくする仕組みも重要だ。

　最後に、評価データによって改善した結果をカスタマーへ発信していこう。**図7-2-2**のとおり、VOC活動の「お客様の声から製品を改良しました」という報告と同様に、評価データによって改善した内容をカスタマーへ発

■図7-2-1　評価設問の設定例

NO	対象	評点設定	設問文面	タスク
1	公開サイト	—	こんなFAQも登録してください	登録
2	公開サイト	1	解決できました	—
3	公開サイト	1	参考になりました	—
4	公開サイト	0	色々探しましたが見つかりませんでした	登録
5	公開サイト	0	見つけるまで大変でした	修正
6	公開サイト	0	分かりにくい内容でした	修正
7	公開サイト	0	実際の画面と内容が異なります	修正
8	公開サイト	0	操作してみましたができませんでした	修正
9	オペレータ向け専用画面	—	こんなFAQもあると嬉しいです（コメント要）	登録
10	オペレータ向け専用画面	—	このカテゴリにも重複登録してください（コメント要）	修正
11	オペレータ向け専用画面	—	見ました（参照記録）	—
12	オペレータ向け専用画面	1	このFAQがあって良かった！	—
13	オペレータ向け専用画面	1	お気に入り登録をお勧めします	—
14	オペレータ向け専用画面	1	そのまま回答できました	—
15	オペレータ向け専用画面	1	とても見やすいFAQでした！	—
16	オペレータ向け専用画面	0	回答に利用できるFAQがなかった	登録
17	オペレータ向け専用画面	0	所属カテゴリの見直し要です	修正
18	オペレータ向け専用画面	0	所属カテゴリが間違っています	修正
19	オペレータ向け専用画面	0	件名と内容がアンマッチです	修正
20	オペレータ向け専用画面	0	表示優先度を上げてほしいです	修正
21	オペレータ向け専用画面	0	件名にキーワードが含まれていません	修正
22	オペレータ向け専用画面	0	特記事項（確認フロー）の内容に見直し要です	修正
23	オペレータ向け専用画面	0	特記事項（応対記録ルール）の内容に見直し要です	修正
24	オペレータ向け専用画面	0	画面キャプチャを入れてください	修正
25	オペレータ向け専用画面	0	画面キャプチャが古いです	修正
26	オペレータ向け専用画面	0	回答内容を上部に記述してください	修正
27	オペレータ向け専用画面	0	誤字・脱字があります（コメント要）	修正
28	オペレータ向け専用画面	0	類似コンテンツが多くありました	削除
29	オペレータ向け専用画面	0	内容が古いです	削除
30	オペレータ向け専用画面	0	サービスは終了しています	削除

※「—」平均対象にしない

第7章　輝くFAQコンテンツに磨き上げよう　～ブラッシュアップ～

信し、一方通行のコミュニケーションから脱して、評価欄とお知らせによるコミュニケーションを実現していく。カスタマーに対し、「FAQサイトで評価をすることでFAQコンテンツが改良されていく参加感」を醸成したい。FAQサイトにおけるカスタマーエクスペリエンスと言えるだろう。

　ある企業では、**図7-2-3**のような取り組みを実施して、評価数が17.8倍、評価率も11.6倍増加した。「参考になった／参考にならなかった」と選択するだけの評価設問より、評価に気づきやすくなっている。評価データが集まることで、さらにFAQコンテンツの改善が進んでいく。

　評価データを分析する場合に注意したい点がある。評価データは、FAQコンテンツのIDに紐づいて出力できるが、FAQコンテンツの内容と評価コメントがまったく関係ない場合がある。例えば、FAQコンテンツ「ボタンが反応しない場合」の評価コメントが、「パスワードの再発行ができなくて困っています」などといったケースだ。おそらくカスタマーは、ボタンが反応しないためパスワードの再発行が完了せず、「パスワードの再発行」に関するFAQコンテンツを参照したが、それでも解決できずに「ボタンが反応しない場合」のFAQコンテンツを参照したと想定できる。カスタマーは、FAQコンテンツ単位に評価をせずに、いくつかのFAQコンテンツを参照した最後に、FAQサイト全体に対しての評価コメントを登録する場合がある。FAQコンテンツの内容と、評価データが一致しない場合は、難しく考え過ぎずに、評価データに該当しそうなFAQコンテンツを探して改善につなげたい。

7-3 社内利用でFAQが進化する

　社内利用では、評価データによるブラッシュアップが非常に進む。社内利用の強みは、運用担当者・FAQサイト利用者（オペレータ含む）の顔が見えることだ。FAQサイトに対する反応を直接確認できる。反対に、弱みはネガティブな反応も直接感じるため、FAQサイト運営者に限らず、FAQコンテ

■**図7-2-2** カスタマーの声からFAQを改善したことをお知らせ

■**図7-2-3** 評価データを多く集める工夫の一例

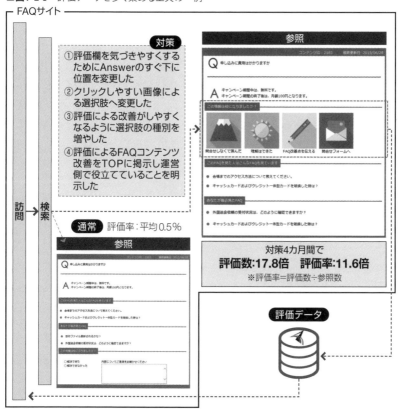

ンツ作成者などのモチベーション管理に注意したい。とくにFAQコンテンツを参照・評価する際は、FAQコンテンツの登録者のことを意識しないので、ネガティブな発言が直接耳に入ることで運用が滞らないようにしたい。

公開サイトの場合は、カスタマーの評価を強制できないが、社内運用では「必ず評価をする」運用を徹底できる。そのため、大量の評価データからブラッシュアップを促進できるのが強みだ。常に評価することは負荷もかかるため、カスタマー対応で利用するFAQコンテンツをクリーニングする一定期間だけ、全員で参照したFAQコンテンツの評価をしあうキャンペーンなどを実施して、徹底的にブラッシュアップに取り組んでみよう。

7-4 分析データに基づく、FAQのブラッシュアップ

FAQサイトの構築・運営を最適化するための気づきを、実際の分析データから検証したい。まず、**図7-4-1**は登録されている平均FAQコンテンツ数（アルファスコープ導入企業の1企業あたりのFAQコンテンツ登録数）だ。第2章2節で、「問い合わせ削減に重要なことは、FAQコンテンツ数ではなく、カスタマーがセルフサポートできるFAQコンテンツを漏れなく用意すること」だと述べたが、実際、各企業ではどの程度のFAQコンテンツが登録されているのかを参考データとしてお伝えする。分類は、誰もが閲覧可能な一般公開サイトと、社員向けなど閲覧制限がされている社内公開サイト、オペレータが利用するオペレータ専用画面とに分けている。それぞれのFAQサイトに登録されているFAQコンテンツ数を、利用しているFAQサイト数で割った平均値を算出した。

一般公開サイトでは平均1,189件だが、オペレータが利用する画面では平均3,243件となった。やはりカスタマーが参照できる情報以上に、オペレータは応対のナレッジを利用しているということだ。なお、平均で3,243件もあるとExcelなどでは管理し切れないボリュームだ。

また、FAQコンテンツは、一般カスタマーもオペレータも参照できるも

■図7-4-1 アルファスコープ導入企業1社あたりの平均FAQコンテンツ登録数

1サイト平均

サイト	FAQコンテンツ数平均
一般公開サイト	1,189.2
社内公開サイト	1,571.6
オペレータ専用画面	3,243.5

※一般公開サイトと比較すると、2.7倍のコンテンツをオペレータは利用している。

FAQコンテンツの公開先設定

対象	(シェア)
公開サイト (一般公開サイト＋社内公開サイト)	32.1%
オペレータ専用画面	67.4%
非公開	1.4%

※1つのFAQコンテンツで、公開サイトとオペレータ専用画面の両方に公開することも可能

のと、オペレータだけが参照できるもの、誰にも公開しないが年次で利用する非公開FAQコンテンツで区分することができる。アルファスコープを導入している企業のすべてのFAQコンテンツを対象に公開先を調べてみた。一般カスタマーが参照できているのは32.1％にとどまり、大半は電話対応やメール対応を想定したFAQコンテンツで占められていることが分かる。コンタクトセンターの規模によって異なるが、例えば一般公開サイト向けのFAQコンテンツシェアが低いFAQサイトでは、「もっとセルフサポートを促進するために、FAQコンテンツを公開していこう」などの施策を進めてほしい。

　図7-4-2は、検索方法の割合のグラフだ。FAQコンテンツの検索では、ワードで絞り込む方法やカテゴリで絞り込む方法などがある。それらをカスタマー（PC・スマートフォン）、オペレータがどのように検索で利用しているかを示している。

　公開サイトでは、PC・スマートフォンを合計すると70％以上がカテゴリ検索を使用している。つまり、カテゴリをどのように構築するか（名称、並び順、階層）が、カスタマーがスムーズにFAQコンテンツの参照につなげられるかに影響するわけだ。とくに、スマートフォンサイトではカテゴリ検索が79.8％と高いシェアを占める。第6章6節で、スマートフォンサイト

はただのレスポンシブ表示にしないことが大事だと説明したが、このようにデバイスによって使われ方が違うため、機能の配置や大きさはデバイスごとに工夫したい。

一方、オペレータは、ワード検索（キーワード検索＋自然文検索）が62.4%（50.4%＋12.0%）を占める。常にFAQサイトを眺め、どのようなFAQコンテンツが入っているのかが分かるため、カテゴリで絞り込むより、的確なワードでキーワード検索を使用することが主流だ。

また公開サイトのPCとスマートフォンでは、ワード検索のシェアが異なる。PCでは26.7%（6.9%＋19.8%）を占めるワード検索が、スマートフォンでは14.6%（8.7%＋5.9%）にとどまる。このため、スマートフォン向けのFAQサイトもワード検索欄をトップに表示するより、カテゴリ検索を表示した方が使いやすいのではないかと想定できる。

オペレータはID検索が20.7%を占めていることも特筆すべき点である。カスタマーがFAQコンテンツIDで検索することはほぼないが、コンタクトセンターの内部では、「それはID：1204で調べて」などの会話が行われているのだろう。また、オペレータへ周知するお知らせ機能で、「新しくFAQコンテンツが作成されました。IDは3421です」などとIDによる広報がされていることも影響している。この検索シェアはFAQサイトによって異なるため、検索シェアから最適な画面配置を考慮してほしい。

■図7-4-2　FAQサイトの検索方法シェア

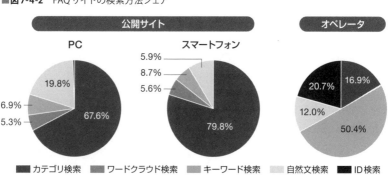

■図7-4-3　カテゴリの平均層数、階層数のシェア、階層ごとの平均参照数

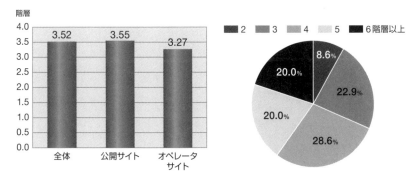

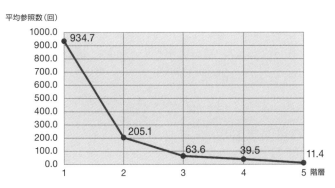

　公開サイトにおいて、カテゴリ検索のシェアが大きいことをお伝えしたので、カテゴリの階層についても考えてみたい。図7-4-3は、カテゴリの平均階層数、階層数のシェアと階層ごとの平均参照数だ。FAQサイトを見ると、各社によりカテゴリの構築方法も大きく異なっているが、3階層〜4階層が平均のようだ。この階層数に、公開サイトとオペレータ専用画面の違いはない。6階層以上を構築しているFAQサイトも20.0%と多く、中には9階層まで構築しているケースも見受けられた。ただ、実際の平均参照数を見ると、2階層目から大きく参照数が減少し、3階層目以降はあまり選択されていない。この分析データから、カテゴリは2階層までのクリックが主流であり、2階層目までで分類できるカテゴリ構成が望ましいと分かる。

　画面の見やすさの観点では、図7-4-4のとおり、カテゴリの文字数にも配

慮したい。カテゴリの文字数が長く、改行されているカテゴリも見受けられるが、6文字以内でとどめる場合と15文字まで長い場合では、見やすさや1画面で表示できるカテゴリ数の観点で考慮すると、短く表記することが望ましい。

　図7-4-5は、あるカテゴリやワード検索をした際に表示された検索結果一覧のうち、上位何位までの参照数が多いのかを分析したデータだ。オペレータ専用画面では、上位30位までの参照率が高い。これは検索と同様で、参照したいFAQコンテンツがあるかないかを把握できているため、上位で見つからなかった場合でも、探し続ける傾向があるからだ。反対に、一般公開サイトの場合は、上位10位を下回ると大きく参照数は減少する。この分析データから分かるのは、一般公開サイトにおいて、検索結果一覧を30位、50位までと長く表示しても参照につながりにくいということと、各カテゴ

■図7-4-4　カテゴリ名称は見やすさを考慮

リの登録FAQコンテンツ数は10件を目途に分類したいということだ。あるカテゴリには、FAQコンテンツが10件以上登録されていても、上位11位以下の参照数は低くなる。10件を目途に、カテゴリが振り分けられていると、検索シェアの大きいカテゴリ検索でスムーズにFAQコンテンツを探すことができる。

　図7-4-6は、「トップページ」「検索結果」「コンテンツ詳細」の表示回数を、PCとスマートフォンごとに分析している。FAQサイトに訪問して、1回のワード検索を行い、表示された検索結果の中から1つのFAQコンテンツを参照すると、それぞれ1回ずつカウントされるが、全体のサイトアクセス数を集計し、「トップページ」「検索結果」「コンテンツ詳細」ごとの集計数のシェアを算出した。検索結果で、PCサイトとスマートフォンサイトのシェアが逆転しているのが分かる。一般に、トップページの表示回数に対

■図7-4-5　検索結果上位の参照率

	平均参照率	上位10位	上位30位	上位50位
オペレータ画面	9.8%	43.0%	42.7%	28.2%
一般公開サイト	15.3%	31.6%	14.9%	13.5%

■図7-4-6　「トップページ」「検索結果」「コンテンツ詳細」の表示回数

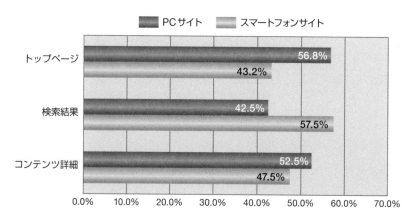

して検索結果の表示回数が多いFAQサイトは、何回も検索しないと必要な情報にたどり着きにくいと評価できる。また、トップページの表示回数に対してコンテンツ詳細の表示回数が多い場合は、1つのFAQコンテンツでは解決しにくいと評価できる。このデータから、PCのFAQサイトでは、画面サイズが大きく、注目のFAQや人気FAQなどのパーツ表示が可能なため、検索をしなくてもダイレクトに参照につながる流れが強い。反対にスマートフォンでは、画面サイズが小さいために、注目のFAQや人気FAQのパーツを1画面で表示できず、複数回の検索を行っていることが分かる。検索せずにダイレクトに参照する方が便利なため、スマートフォンのFAQサイトはカスタマーが使いづらさを感じていると想定できる。この結果から、スマートフォンのFAQサイトは、単純にレスポンシブ表示するのではなく、最適なパーツ配置を考慮すべきだろう。

　図7-4-7は、ブラッシュアップに重要な評価データの分析データだ。図は、PCとスマートフォン、両方を含む全体の評価データを示している。

　評価率は、評価数÷参照数で算出している。評価コメント率は、評価した後に入力できるフリーテキスト欄にどれだけのコメントが入力されたかを示すもので、評価コメント数÷評価数で算出している。評価率トップのFAQサイトとは、アルファスコープで公開サイトを運営しているFAQサイトの中で、最も評価率の高かったサイトのスコアを示している。また、10年前の平均評価率は約1％程度だったが、2015年には0.54％まで下がったため、経年比較のため2015年と2017年のデータを示している。

　2017年の結果を見ると、平均評価率は0.88％と上昇した。FAQサイト全体で、評価に基づくブラッシュアップの底上げが進んでいると想定できる。しかし、昔に比べて評価がされにくく、評価データがより重要になっている。またスマートフォンサイトは評価率が1.08％と高くなっている。評価コメント率も、全体では10.30％と2015年と比較して倍近く上昇した。なお、評価コメント率はデバイスの違いによる入力のしやすさから、PCの方が高い率を示している。

■図7-4-7　あるFAQサイトの評価データの分析結果

対象	評価率 2015	評価率 2017	評価コメント率 2015	評価コメント率 2017	評価率トップ 2015	評価率トップ 2017
全体	0.54%	0.88%	5.60%	10.30%	5.10%	2.89%
PC	―	0.69%	―	10.17%	―	―
スマートフォン	―	1.08%	―	6.54%	―	―

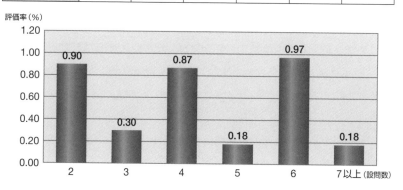

　一方、評価率トップを見ると2.89%と下降しているが、評価データによるブラッシュアップが進み「参考になった」割合は上昇した（2015年の評価率トップ企業の「参考になった」割合と、2017年の評価率トップ企業の「参考になった」割合を比較）。評価総数は減少しているが、よりセルフサポートが進むFAQコンテンツを提供できていると推察できる。

　下のグラフは、評価設問数とその評価率を示している。評価設問は「参考になった／参考にならなかった」だけの場合、設問数は2となるが、前述したとおり評価設問数を増やしていくことでブラッシュアップが容易になる。この評価設問数と評価率を見ると、奇数個より偶数個の評価率が高かった。このため、ブラッシュアップを考えると評価設問数は4個もしくは6個程度が適切と考えられる。偶数個が高い理由は定かではないが、このようにして評価データをもとに、さらに改善を進めていきたい。

　図7-4-8は、0件ヒットワード分析データだ。FAQコンテンツを検索する場合、カテゴリで絞り込む、またはワード検索を進めていく。結果、表示できる検索結果がなかった場合に「検索結果がありません」などと表示される。

この状態のログを分析して、FAQコンテンツの登録・修正につなげていく分析機能が0件ヒットワード分析だ。0件ヒットワードの対策は、辞書の整備、カテゴリの登録先変更、FAQコンテンツの作成の3つに分けられる。

　まず、検索ワードの一覧から辞書登録で回避できる場合がある。FAQソリューションには同義語辞書機能があり、「PC」と「パソコン」のどちらで検索しても同じ検索対象にする設定が可能だ。検索ワードを眺めていると、カスタマーが想定外の検索ワードを使用したケースを発見できる。例えば「スマートフォン」と「スマホ」のような略語であったり、キャンペーン名称など多くのカスタマーが間違えてしまう場合などだ。これらを同義語辞書に登録していく。

　アルファスコープの導入企業では、一般公開サイトの場合、1FAQサイトあたり49個の同義語登録がされている。社内公開サイトでは、1FAQサイトあたり203個の同義語が登録されていて、これは各企業で使用する社内用語や略語が多いためと思われる。最大では844個の同義語を登録しているFAQサイトもあった。また、アルファスコープのFAQサイトで、0件ヒットワードの分析データに対して同義語登録のメンテナンスを実施したところ、メンテナンス前は、検索回数に対する1検索あたりの0件ヒットワード発生率が0.154%（0件ヒットワードの発生回数÷検索回数の合計）だったところ、0.070%まで下がり、54.5%の発生率削減（1 −（0.070÷0.154）＝0.545）が実現できた。

■図7-4-8　0件ヒットワード分析

検索ワード	カテゴリ	検索タイプ	件数	離脱数
javascript	全体	自然文	3	1
ずれる	全体	自然文	2	0
テキストボックスに文章が残る	全体	自然文	2	1
パラメータ	全体＞システム関連	自然文	2	0
直接参照url	全体	自然文	2	1
定期 サイクル	全体	自然文	2	0
キーワードアクセス推移	全体	自然文	1	0
ターゲットタブ	全体	自然文	1	0

■**図7-4-9** 検索方法の違いによる0件ヒットワード発生率

0件ヒットワード分析

設定	発生率	離脱率平均
キーワード検索	6.7%	24.6%
自然文検索	3.7%	5.9%

業界別離脱率平均

設定	離脱率平均
問題解決型FAQサイト	10.6%
サービス選択型FAQサイト	32.4%

※アルファスコープ導入企業の登録データより算出（2018/04時点）

　一点注意したいのは、短い単語は同義語登録には向かないことだ。例えば「プラスアルファ」を「P」と登録してしまうと、「P」が含まれた検索ワードで毎回「プラスアルファ」のFAQコンテンツも検索されてしまい、検索精度が悪くなる。まずは辞書の整備を進めよう。

　次の対策は、カテゴリの登録先変更とFAQコンテンツの作成だ。まずは絞り込まれているカテゴリの情報を確認しよう。図7-4-8の中で、カテゴリが「全体」となっているものはカテゴリの絞り込みがなく、FAQサイト全体で検索されている。このため「javascript」は、FAQサイト全体でFAQコンテンツがないという結果を示している。これはFAQコンテンツの作成に移ろう。しかし、「パラメータ」はカテゴリが絞り込まれている。この場合は、一度、実際の公開サイトでカテゴリを絞り込まずに「パラメータ」で検索してみよう。FAQコンテンツが存在する場合は、カスタマーが意図するカテゴリと運営側での認識違いが原因であるから、カテゴリの登録先を変更すれば回避できる。全体で検索してもFAQコンテンツが表示されない場合は、同様にFAQコンテンツを作成する。0件ヒットワードの分析からは、カテゴリの登録先変更で回避できるケースが多いことに注意したい。

　図7-4-9は、検索方法の違いで、0件ヒットワードの結果に変化が見られたことを示す。自然文検索に設定しているFAQサイトでは、0件ヒットワードの発生率が3.7%だったのに対して、完全一致のキーワード検索を設定していたFAQサイトでは6.7%が0件ヒットワードの対象となった。また、0件ヒットワードの状態になった時に、再度検索し直すか、FAQサイトから離脱するかの離脱率は、キーワード検索の場合では自然文検索の4倍強の24.6%まで上昇している。つまり、一般公開サイトの場合は、幅広く

類似性の高いFAQコンテンツを検索できる自然文検索に設定し、期待したFAQコンテンツに近い検索結果が表示される自然文検索モード、いき値の設定（検索結果が類似度でソートされた場合、何％以下の類似度は表示しないという設定）、同義語の登録の改善を進めていくことが、最終的にはカスタマーの離脱防止につながると想定できる。

また、0件ヒットワードを図のように問題解決型と、ECのようなサービス選択型に分けて分析する。問題解決型のFAQサイトとは、例えば、購入したある企業の電化製品が故障した場合を想定している。その企業のFAQサイトに欲しい回答がなかった場合、他企業のFAQサイトへ遷移しても回答を見つけることができないFAQサイトだ。一方、サービス選択型のFAQサイトとは、例えば、希望の宿泊施設を予約する場合を想定していて、知りたい情報がFAQサイトになく解決できなかった場合に、他の予約サイトで宿泊予約ができる場合だ。この問題解決型のFAQサイトと、サービス

■図7-4-10　FAQコンテンツホール分析

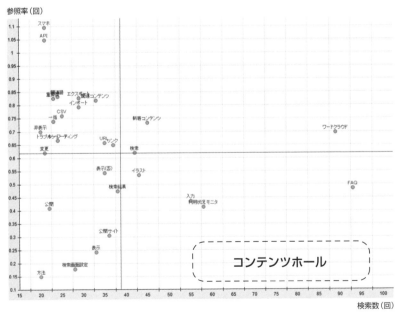

■図7-4-11　アルファスコープ導入企業の平均的なFAQサイト運営体制

分類	件数		人数	
	登録	更新	登録	更新
構築期	31.5	200.5	5.2	6.2
安定期	16.4	138.3	3.1	6.2

選択型のFAQサイトを比較すると、問題解決型のFAQサイトは離脱率が10.6%にとどまったが、サービス選択型のFAQサイトでは32.4%と高い離脱率となった。とくに操作系のFAQコンテンツを掲載する場合には、Webサイトで使い方が分からず、FAQサイトで「検索結果がありません」と表示されてしまうと、高い確率で離脱する傾向だと分かった。このようなFAQサイトでは、0件ヒットワード対策が必須だ。

　図7-4-10は、FAQコンテンツホール分析データだ。検索されたあるワードの回数（横軸）と、そのワードで検索された時の参照数の平均値（縦軸）をプロットしている。図の右下に検索ワードがプロットされた時、そのワードは「FAQコンテンツホール」と呼ばれ対策が必要だ。FAQコンテンツホールが見つかった場合は、まずFAQサイトで検索をしてみる。FAQコンテンツが存在しない場合、0件ヒットワードと同様にFAQコンテンツの作成に移る。検索結果一覧に多く表示された場合は、検索結果が多すぎて参照していないケースが考えられる。その場合は、類似しているFAQコンテンツの統合や削除を行い、スリム化する。FAQコンテンツホール分析で注意したいのは、検索結果が多過ぎて参照されていないことを想定せずに、とにかくFAQコンテンツを登録する運用を進めてしまうことだ。検索結果に類似したFAQコンテンツがより多く表示されるため、さらにコンテンツホールが増えてしまうことになる。

　検索したにも関わらず、検索結果一覧に表示されなかったものの分析は0件ヒットワード分析を使用し、検索結果一覧に表示されたにも関わらず参照に至らなかったものの分析はコンテンツホール分析を利用する。この違いを理解しておこう。

図7-4-11は、各企業での、FAQコンテンツの登録・更新数、または登録・更新を行った人数のデータだ。多くの企業から、FAQサイトの分析結果から改善活動を進めようとする時に「他の企業では何名体制で取り組んでいるか」を質問される。FAQサイトの運営体制は、企業規模や業種によらないため、アルファスコープを導入している企業の平均値を示している。FAQサイトを運営する場合、どれくらいの人数がFAQコンテンツの登録・更新に携わり、リリースを迎えるまでにどれくらいのFAQコンテンツを登録し、リリース後はどれくらいのFAQコンテンツをブラッシュアップしているのかの目安にしてほしい。

　リリースまでの構築期は、FAQコンテンツは月間で31.5件の登録と、既存データから200.5件の更新を行っている。すでに保有していたFAQコンテンツデータをリリース前に再度見直しているためだ。リリースしてからの安定期は、登録数・更新数ともに半数に減少している。その業務に携わる人数は、平均で6名程度といえる。企業によっては、10名ほどのチームを構成する場合や、オペレータ全員が登録権限を持っている企業もあり、また少人数で2名体制の場合もある。この登録・更新数の内訳を見ると、公開するFAQコンテンツに対して、オペレータ向けのFAQコンテンツは倍近い数値になっていた。問い合わせ削減が目的の場合は、カスタマーへの情報公開を中心に進めていきたいが、実際はオペレータ向けのFAQコンテンツの拡充が先行している。

7-5　作業時間とタスクを明確にする

　さまざまな分析データからFAQサイトの改善に着手する際は、確保できる作業時間に合わせて改善の範囲を明確にしたい。

　図7-5-1は、確保できる時間ごとに作業内容を示した一例だ。例えば、1日に15分しか時間を確保できない場合は、更新日時の古いFAQコンテンツの見直しだけを15件進めてみよう。1日に30分の時間を確保できる場合

■図7-5-1　FAQ運用のためのクリーニング／トレーニング実践計画例

コース	内容	時間(1日あたり)	目的・ゴール
1日15分 速攻コース	A.更新日時の古いFAQコンテンツの見直し ＊必要かもう不要かのチェック	●15件/15分 →1件1分で見直し	【STEP①】 不要なものを捨てる
1日30分 ソフトコース	A.更新日時の古いFAQコンテンツの見直し と B.必要と判断したFAQコンテンツの修正 ＊古いものから最新版に修正	●30件/30分 か ●3件/30分 →1件10分で見直し	【STEP②】 使える ものだけにする
1日1時間 たっぷりコース	A.更新日時の古いFAQコンテンツの見直し と B.必要と判断したFAQコンテンツの修正 と C.表記の見直し ＊チームメンバーが検索しやすいようにタイトルや文言などの表記を統一する	●60件/60分 か ●6件/60分 か ●1時間で取り組む	【STEP③】 使いやすい ものだけにする

自分にあっているコースを見つけよう！　　**選んだコースの目的とゴールを確認しよう！**

は、更新日時の古いFAQコンテンツの見直しと、必要と判断したFAQコンテンツの修正に取り組もう。FAQコンテンツの修正は多少時間がかかるので、1件あたり10分としておく。1日に1時間確保できる場合は、さらに検索性まで考慮した表記修正に取り組んでみる。ここには辞書の整備が含まれる場合もある。

　一般に、FAQコンテンツの新規作成は1件あたり30分程度が目安のため、1日に15分から30分のみの場合は、新規作成ではなく不要なFAQコンテンツの削除や、評価コメントからの表記修正などに取り組むとよい。

　作業時間の確保を運用者任せにして、FAQコンテンツの登録数だけの目標値を与えると、作業時間を確保できず、日を跨いでFAQコンテンツを作成し、品質の悪いものだけ作成されたり、時間確保にだけ意識が向いて、FAQサイトの運営にネガティブな反応が生まれる。

　各企業で、確保できる時間と作業内容を明確にしておくことをお勧めする。その一覧があると、メンバーは曜日によって行う作業内容が明確にな

り、マネジメントの観点からも、FAQコンテンツの登録を依頼する場合は1時間確保すべきなど、業務設計もスムーズになる。また、周囲のメンバーも、誰が何件のFAQコンテンツ作成に取り組むために、どれだけの時間を割いているかを理解できるため、コミュニケーションロスも防げる。

7-6 Webサイトの改善につなげる

FAQサイトの分析ログは、FAQコンテンツの改善にとどまらず、図7-6-1のとおり、Webサイトの改善にもつなげていける。

第1章4節で、FAQサイトは「処方箋」の役割だと述べた。大量の薬が処方されている病気があれば、予防策を強化していこうという考え方だ。例えば、「送料の表示について」の参照数が多い場合は、なぜこのFAQコンテンツの参照数が多いのかも考えてみたい。Webサイト上で、送料を案内するページへのリンクが小さかったり、文字サイズが小さいことで気づかれていない場合がある。この際は「リンクをボタンにして分かりやすく」「文字サイズを大きく」などWebサイトの改善につなげられる。また、「パスワードの再発行をしたい」FAQコンテンツがあり、画像を用いた十分な説明がされているにも関わらず、「解決できない」との評価が多い場合は、FAQコンテンツで説明されていない範囲の現象が起きていることを考えてみよう。いくつかのOSやブラウザで操作してみると、あるブラウザでは画面が崩れて、いくつかのボタンが隠れてしまっていたということもあり得るからだ。

■図7-6-1　FAQサイトの分析ログからWebサイトを改善

すべての事項をWebサイトに盛り込むと、Webサイトは必要な情報が探しにくくなる可能性もあるから、多くのカスタマーが困っているログのみに対象を絞る。問い合わせをしなくてもFAQサイトで解決できることの便利さを、FAQサイトを参照しなくてもWebサイト上で解決できる便利さにもつなげていきたい。

COLUMN

FAQサイト運用担当者の個性を見つけよう

　FAQサイトを新しく構築した時に、またはFAQサイトの運用をもう一度加速させたい時に、キャンペーンをやってみてはいかがだろうか？

　とくに新しいWebサービスを開始する時に、Webサイト運営部門ではFAQコンテンツをどう作り込めばよいかが分からない。また、オペレータのFAQサイトを新しく運用する場面では、各自がすでに持っているExcelなどのデータを全員が集約してくれるのか、不安に思うFAQサイト管理者も多い。

　こうしたタイミングで、全員が楽しめる形でキャンペーンを計画してみよう。図のとおり、一気にFAQコンテンツが集約できたり、FAQサイトに対して意識が高いメンバーを発掘できたり、全員が一斉にFAQソリューションを操作することで「どうすればスムーズにFAQコンテンツを登録できるか？」と運用ノウハウが見つかることもある。

　登録にとどまらず、全員で「検索キャンペーン」を実施すると、同様に検索方法のノウハウが見つかり、全員の生産性向上にもつながる。気づかないところでたくさんの応対ノウハウを作り込んでいた人、優勝に向かってメンバーを鼓舞するのが上手な人など、FAQサイト運営に活かせる個性が見つかる機会でもある。

■図　全員が楽しめるキャンペーンを企画する

第8章

参照されなければ始まらない

~FAQサイト・FAQコンテンツの作り方~

8-1 「誘導」がFAQコンテンツの価値を高める

　FAQサイトの価値を高めるため、ブラッシュアップしたFAQコンテンツが参照されるよう「誘導」を強化しよう。FAQサイト内で、FAQコンテンツの参照を増やす方法は本章までにも述べてきたが、そもそもお客様にFAQサイトが認知され、「困った時にはFAQサイトを参照する」という習慣づけを進めたい。

　検索エンジンによる検索が主流になった今日でも、困った時は企業のFAQサイトを参照してほしい。カスタマー同士が書き込み合う質問サイトは、情報量は圧倒的に多いが、不確かな情報や古い情報が掲載されていることがある。企業が運営する公式のFAQサイトに正しく誘導して、正しい

■図8-1-1　FAQサイトへの訪問者を増やすための課題と施策

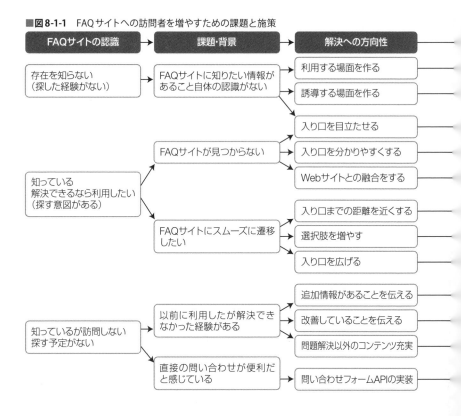

情報でセルフサポートを実現していきたい。

図8-1-1は、FAQサイトへの訪問者を増やすために想定される課題・背景と、その施策を示している。まず、数は少ないと思うが、FAQサイトの存在を知らない人には、FAQサイトを目立たせる施策やメールマガジンの送付など、そのカスタマーが情報を得る場面でFAQサイトを紹介していく。存在を知らない人には、困った時に知りたい情報がWebサイト上にあることを伝え続けたい。

探す意図がありながら見つけられない人は、Web上の対策で解決できる。前述と同様に、目立たせる仕組みに加えて、APIの活用にも取り組みたい。FAQサイトのトップページを経由しなくても、検索ボックスで検索すれば、検索された状態でFAQサイトに誘導できる。また、FAQサイトの入り

口までの距離にも配慮したい。1クリックでFAQサイトへ遷移できるWebサイトが多くなってきたが、「問い合わせ」ページへ遷移した後に、製品を選択するページを遷移して表示されたページから、さらにアイコンをクリックするなど、クリック数が多くなるケースがある。また、Webサイトを表示した時の上部にFAQサイトへのリンクがなく、ずっとスクロールしたページの下の方にリンクが見つかるケースなどもある。FAQサイトまでの距離が長いと訪問されにくくなるので注意が必要だ。SEO機能による入り口を広げる施策もある。知りたい情報をFAQサイトではなく、検索エンジンで検索された場合でも、検索エンジンからFAQサイトへ遷移できる。情報を探したい人には、FAQサイトへの距離を縮めることと、アクセス方法の選択肢を増やすことに取り組んでいきたい。

　FAQサイトに価値を感じられず、FAQサイトを探すつもりもないというカスタマーには、情報の正確性や鮮度を改めて伝えていく。以前に解決できなかった経験がある人には、メールマガジンやWebサイトでFAQサイトが進化していることを伝え、再度検索してもらえるように誘導しよう。問題解決以外のFAQコンテンツを充実させるのも面白い。鉄道系のFAQサイトであれば、「電車の写真を撮るコツ」「車両をイメージした宿泊施設に泊まってみたい方」など、興味が湧くFAQコンテンツを充実させて、FAQサイトに訪問するきっかけ作りをしたい。

　また、問い合わせフォームのAPI実装も効果的だ。FAQサイトで検索するより問い合わせする方が便利だと感じているカスタマーには、入力された問い合わせ内容でFAQコンテンツを検索し、問い合わせを送信する前に「このFAQで解決できませんか?」とリコメンドする。表示されたFAQコンテンツに知りたい情報があれば、問い合わせする前にセルフサポートが実現できる。最初からFAQサイトを参照せずに問い合わせをすると決めているカスタマーには、このリコメンド機能を活用しよう。「FAQサイトで調べる方が便利だ」と感じてくれれば、次回以降はまずFAQサイトを検索してくれるだろう。

■図8-2-1　FAQサイトの標準的なパーツ配置

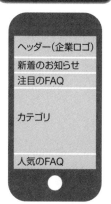

FAQサイトへの誘導を強化して、より多くのカスタマーに利用される取り組みを進めていきたい。

8-2　公開サイトのベストプラクティス

　FAQサイトの分析データを見ると、公開サイトの設定は、図8-2-1のようにPCサイトとスマートフォンサイトでパーツを揃えるのがよさそうだ。
　PCサイトの場合は、ヘッダーやフッターにはWebサイトと同じ情報を設定する。FAQサイトだけデザインが異なると、違うサイトに見えてしまうためだ。検索シェアの一番大きいカテゴリ情報は左側に配置。ここでまず、製品などの大きな絞り込みがなされる。画面中央には、お知らせを掲示する項目を最上部に配置する。FAQコンテンツの登録・更新情報やWebサイトで発生した障害情報、サポートデスクの運営情報など、カスタマーにお知らせしたい情報を掲示していく。特定のFAQコンテンツのリンクを貼ることも可能だ。
　次に検索機能としてワードクラウド、検索ボックスを配置する。問い合わせが多いワードや検索してほしいワードを任意で設定するワードクラウ

ドは、クリックするだけで検索が進むため検索ボックスよりも上部に表示したい。ワードクラウドに検索したいワードがない場合は、検索ボックスでワード検索が可能。ワード検索の設定は、0件ヒットワード対策で「自然文検索」にしておく。

その下には、任意のFAQコンテンツを表示できる注目のFAQを配置する。問い合わせが多いFAQコンテンツや、参照してほしいFAQコンテンツを表示しよう。さらにその下には、カスタマーが多く参照している人気のFAQを配置する。セルフサポートを実現するため、まずは参照してほしいFAQコンテンツを上部に配置したい。

最後に、カテゴリの下には複数のバナーを配置する。バナーは製品広告でも構わないが、FAQサイトであるから、カテゴリとは違った軸で「キャンペーンに関するFAQ」「動画による案内」など、場面ごとのバナーを作成したい。FAQコンテンツ、カテゴリは、それぞれ独自のURLを持つが、検索ワードなどのパラメータを設定して、該当の情報で抽出できる設定にしたい。

これらの情報を初期画面の範囲内に収めることが重要だ。スクロールしないと表示されない項目は極力避けたい。また、図の点線のように、こうしたパーツの配置は「F字型」にすることが好ましい。カテゴリを画面右側に配置したり、カテゴリがスクロールしないと表示されないFAQサイトは検索性が悪い。

スマートフォンの場合は、同様にヘッダーとフッターにはWebサイトと同じ情報を設定する。スマートフォンでは画面幅が狭いため、すべてのパーツの中から表示優先度の高いものを順に並べていく。まずは常に最優先で発信したい情報をお知らせで表示する。その次は、注目のFAQだ。ただし、表示するFAQコンテンツ数は3件程度にとどめたい。そして、スマートフォンで利用率の高いカテゴリ検索。スクロールしないとカテゴリ検索ができないスマートフォンサイトが多いが、カテゴリ検索を中心に表示したい。最後に人気のFAQを表示する。PCサイトで使用した、ワードクラウド、

検索ボックス、バナーについては、人気のFAQの下に順に配置しておこう。画面サイズには限度があるため、人気のFAQまでは初期画面に表示させて、その他はスクロールすれば検索できる状態にしておきたい。画面のパーツ設定は、これを基本とする。

　その他、公開サイトの設定におけるポイントを説明する。まずは、FAQサイトとFAQコンテンツの詳細画面が、そのまま画面が切り替わる「画面遷移表示」にするか、別のウインドウで立ち上がる「別ウインドウ表示」にするかの判断だ。詳細画面を開くたびに別ウインドウが表示されていくと、検索結果一覧画面がどのウインドウに表示されているかが分かりにくくなる。別の詳細画面を開くのが面倒になるため、通常は画面遷移表示がよいだろう。しかし、例えば、会員登録画面で分からないことがあった時に、FAQサイトやFAQコンテンツの詳細画面が画面遷移だと見比べながら操作できない。FAQを見比べながら操作をするFAQコンテンツがある場合は、別ウインドウ表示がよいだろう。

　次に「検索結果がありません」と表示される場合、この表示文言も変更したい。「検索結果がありません」だけでは、そのまま離脱が進むことになりかねない。「再度、全体から検索し直してください」とリンクを設定したり、「IDで検索する場合には、ID検索にチェックをしてください」などと案内して、FAQサイトからの離脱を防ぐ。アルファスコープのFAQサイトでは、この表記を改善して離脱率が0.198%から0.133%まで下がり、32.8%（1−（0.133÷0.198）＝0.328）の離脱防止を実現できた。また、マニュアルなどの添付ファイルを参照させたいFAQコンテンツでは、詳細画面を開かずに添付ファイルをダイレクトに表示できるように設定しておく。1クリックを削減して、表示したい添付ファイルをスムーズに開くことができる。

　FAQコンテンツの詳細画面では、質問・回答の下に表示される項目の並び順にも配慮したい。回答の下には評価項目が表示されるだけのシンプルなFAQサイトも多いが、**図8-2-2**のように、添付ファイルや「他の方はこんなFAQも参照しています」といったリコメンドなど、表示させる項目はた

くさんある。まず回答欄の下に表示したいのは評価設問だ。最下部にあると目につかずに評価されないが、回答を参照したら評価をするという流れを作りたい。その下には、関連FAQコンテンツ「他の方はこんなFAQコンテンツも参照しています」を表示したい。この項目は、目的のFAQコンテンツの次に何を参照したのかの分析ログをもとに表示しているため、再度検索し直さなくても次に参照したいFAQコンテンツへスムーズに遷移できることが多い。その下には、そのカスタマーが過去に参照したFAQコンテンツの履歴である、「あなたが見たFAQ」項目を設定しよう。

　評価設問の設定は重要だ。通常、評価設問は「参考になった」などの評価項目を選択し、場合によってコメントを入力して送信する。この評価設問は、選択肢の内容に合わせた画像を設定し、評価項目に気づきやすくしたい。さらに、各評価設問には、選択した後に自動的に特定のURLへ遷移できるリダイレクト設定と、評価をした後に画面に表示されるサンクスページの設定が可能だ。「参考になった」「解決できた」という評価を選択した時には、「評価ありがとうございます。またご利用ください」などと表示し、「修正が必要」「解決できる内容ではなかった」という評価を選択した時には、

■図8-2-2　FAQコンテンツ詳細画面での一工夫

評価設問
回答欄のすぐ下に表示することで解決率向上を目指す

関連コンテンツ
このFAQコンテンツを参照した人が次にどのFAQコンテンツを参照したかのログを分析して関連性の高いものを表示する機能

あなたが見たFAQ
このパソコンで過去に参照したFAQコンテンツのリストが表示される機能

■図8-3-1　FAQコンテンツ構築の4つの視点とレベル設定

どう作るか？
- 【4th】分岐型・トラブルシューティング
- 【3rd】動画コンテンツ
- 【2nd】HTML（タグ）活用
- 【1st】テキストの記載

トリガーは何か？
- 【4th】先を読み準備の登録
- 【3rd】問い合わせ情報の分析
- 【2nd】オペレータの気づきベース
- 【1st】同業他社の情報を活用

見つかるか？
- 【6th】SEOによる検索を意識
- 【5th】SNS等で情報発信
- 【4th】Webサイト全体の誘導
- 【3rd】検索ワードを誘導する機能
- 【2nd】検索機能が豊富
- 【1st】一覧で掲載

分かりやすいか？
- 【5th】心情への配慮
- 【4th】明確なアクションまでを記載
- 【3rd】FAQサイト内の表記統一
- 【2nd】HTML（タグ）の活用
- 【1st】テキストレベルで記載

「いただいた評価をもとに改善に努めていきます」などと表示する。「問い合わせをしたい」という評価を選択した時には、自動で問い合わせフォームへリダイレクトする設定にしよう。

ここで述べた内容は、各企業で共通して設定できるものだ。ぜひとも、各FAQサイトの設定を見直してほしい。

8-3　FAQコンテンツの目標レベルを定めよう

　FAQコンテンツにはレベルがある。作成する内容によって目指すレベルを定めてから作業を開始したい。図8-3-1は、FAQコンテンツを作成する際に考えるべき4つの視点について、それぞれのレベルを示したものだ。

　右上の「トリガーは何か？」は、FAQコンテンツを作成するトリガーは何かを決める。FAQサイトを新規構築する場合、FAQコンテンツが0件であれば、同業他社が公開しているFAQサイトを参考にできる。EC関連企業のFAQサイトの場合、他社のFAQサイトを見ると「在庫の見方」「配送日の確認方法」「注文履歴の確認方法」など、活用できるFAQコンテンツが多くある。この情報から、回答を作り込んでいくのがレベル1だ。レベル2は、

オペレータの気づきをFAQコンテンツにしていく方法だ。問い合わせ対応をしている時に気づいた事項を不定期で登録していこう。レベル3では、問い合わせ情報を分析してFAQコンテンツにしていく。コールリーズン分析からセルフサポートが可能な問い合わせを抽出し、FAQコンテンツに仕立てていく。1度入った問い合わせが、再度入らないようにできる。最後のレベル4は、先読みをして登録する。ベテランのオペレータなどは、新しいキャンペーン情報から「こういう問い合わせが入るだろう」という内容を想起して、FAQコンテンツに登録できる。経験や感性が必要だが、セルフサポートには効果が高い。

　左上の「どう作るか?」はFAQコンテンツの仕立て方だ。テキストのみで作成するか、HTMLタグで装飾したり画像での案内までとするか、動画FAQコンテンツに仕立てていくか、分岐型設問のトラブルシューティングにするか、FAQコンテンツの仕立て方を決める。動画FAQコンテンツについては、第5章3節で詳しく述べているが、すべてでレベル4を目指す必要はない。

　右下の「分かりやすいか?」はカスタマーへの気遣いだ。FAQコンテンツの表記に、どこまで配慮できているかが問われる。これは、すべてのFAQコンテンツでレベル5を目指したい。とくにレベル3の表記統一は、ワードが異なると、参照しているカスタマーが異なる事項と判断するため、表記は統一していきたい。作成時に間違えやすい表記があれば、テンプレートに登録したり、再発防止の工夫をしてみよう。レベル4では明確なアクションまで記載する。「できません」だけでは、解決せずに問い合わせにつながってしまう。できない場合は、どうするかまで記述しよう。レベル5は心情への配慮だ。とくにシステム障害に関するFAQや、Webサイト側に責任がある事象には、お詫びの文面を忘れずに入れる。問い合わせ対応同様に、カスタマーの心情への配慮をFAQコンテンツでも忘れずに入れておきたい。

　左下の「見つかるか?」は検索性だ。作成するFAQコンテンツを、どこまで優先的に表示させたいかを考えよう。通常のFAQコンテンツは、登録すれば検索対象になるが、ワード検索によって参照への誘導を強化したい場

合はワードクラウドへ設定しよう。Webサイト側で、対象のFAQコンテンツのリンクを設置して、そのFAQコンテンツの参照を誘導したり、企業や製品のオフィシャルアカウントで情報を発信することで、FAQコンテンツが見つかりやすくなる。SEO機能によって、検索エンジンで検索対象とすることもできる。

すべてのFAQコンテンツで上位のレベルを目指す必要はなく、登録するFAQコンテンツの内容に応じてレベルを設定して作成を進めよう。

8-4 カスタマー視点でタイトルを見直す

FAQコンテンツの作成に行き詰ったら、とくにタイトルの書き方に困った際は、自分自身がカスタマーだったらどういう言葉で検索するかを考えてみよう。

カスタマーが困っている場面をタイトルにする。回答内容からタイトルを決めると、カスタマーに参照されない可能性がある。例えば、カスタマーから「どこにも押せるボタンがありません！」と問い合わせが入ったとして、Webサイト運用部門なら「それは、きっと推奨環境外だから」と、使用しているOSやブラウザを確認して「対象外です」と回答する。「推奨環境のFAQコンテンツを作っておかなければ」と、推奨環境一覧の回答内容を作成し、タイトルを考える段階で「推奨環境の内容だから、"推奨環境は？"にしよう」となる。しかし、他のカスタマーに同じ現象が起きた時、そのカスタマーは最初のカスタマーと同様に「ボタンがない」と検索するだろう。推奨環境が原因だと分かっていないため、「推奨環境は？」では検索しないからだ。「ボタンがない」で検索すると、「ボタンがない」に近い言葉が含まれたタイトルが一覧に表示されるが、「ボタンが表示されていない場合は」というタイトルのFAQコンテンツがないので、「FAQがみつからない」と問い合わせが入ってしまう。FAQコンテンツの構成は、質問と回答がN対1でよい。推奨環境に関する回答文を作成した後は、推奨環境外で起こり得

る現象をタイトルに作成しよう。「ボタンが表示されない」「画面表示が崩れている」「ボタンを押しても反応しない」、これらを複数のFAQコンテンツのタイトルにして、回答文はすべて同じ「推奨環境外の可能性があるため」と案内すれば、カスタマーはセルフサポートに近づける。カスタマーの立場になって考えてみると、ヒントが見つかりやすい。

■図8-5-1　トラブルシューティング・マップ

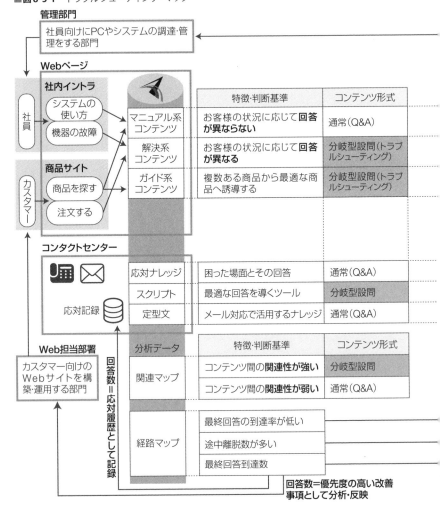

8-5 トラブルシューティングを制する

　FAQは複雑な問い合わせに対応できないと言われてきたが、アルファスコープが備えるトラブルシューティング（分岐型設問）FAQコンテンツ機能がこの課題を解決できる。

作り方

階層	選択肢	表示順	アバター
×	×	×	×
判断に必要な項目数	画像利用が想起しやすい	問い合わせの多い順に配置する	×
商品選択の検討指標数	テキストで簡潔に	利用数順	効果的購買意欲向上

※階層数が多い場合、同内容の最終回答が重複する場合には一括インポート機能にて登録が便利

階層	選択肢	表示順	アバター
×	×	×	×
構築済の階層数	テキストで簡潔に	利用数順	×
×	×	×	×
階層	選択肢		

階層数を分析・反映

選択肢に過不足がないかを分析・反映

回答数＝発生しているトラブルの数と判断して、機器選定に活かす

オペレータに問い合わせをすると、「すでにご予約済みですか?」「料金は支払い済みですか?」など、カスタマーの状況を確認し、それに応じた最終回答を提示してくれる。オペレータは、トークスクリプトを活用して、判断に必要な事項をヒアリングしながら、最適な回答を提示している。

Webサービスが主流の今日では、主要なOSは8種類程度、主要なブラウザも10種類程度あり、すべての利用環境に正常なサービスを提供できるわけではない。また、購入履歴を確認したい場合でも、会員と非会員では案内が異なる。こうしたPCの利用環境の多様性と、Webサービスの利用ステータスを考えると、トラブルシューティングFAQコンテンツの需要はいっそう高まっていると言える。

とくにハードウェアを提供する企業では、大量にある製品ごとに解決方法が異なるのが通常であり、これまでは1つのトラブルに対して製品の数だけFAQコンテンツを作成していた。これがトラブルシューティング型であれば、1つのFAQコンテンツで作成できるので、作成者にとってもカスタマーにとってもメリットが大きい。このように最適な回答をトラブルシューティング機能で簡単に作成し、カスタマーへ提示し、よりセルフサポートを進めることができる。

図8-5-1は、トラブルシューティングFAQコンテンツの作成からブラッシュアップまでの視点をまとめたものだ。まず、動画FAQコンテンツと同様に、すべてをトラブルシューティングFAQコンテンツで作成する必要はない。カスタマーの状況や製品に応じて回答が異なるものを作成しよう。

作成するうえで、選択肢は多くなり過ぎないようにしたい。現状でオペレータが活用しているスクリプトの判断基準の項目数でよい。製品に関するものは画像案内が効果的だ。視覚的にカスタマーの目の前にある製品と同じ画像が表示されていれば間違いも少ない。例えば、電話対応でネットワーク通信機器のルーターを案内する際、「四角の箱で、いくつかケーブルを挿す場所があって……」などと案内する場面を想像すると、画像案内がスムーズだとわかるだろう。

■図8-5-2　アバターを使った購買意欲喚起

Q 質問　父の日にプレゼントを贈りたい
選択していくだけで、皆さまのプレゼント選びのお手伝いができます。

お父様のご趣味を教えてくださいますか？
- ● ファッションに気を使っている父親です
- ○ 外食が大好きで、グルメな父親です

ファッションに気を使っている父親です。

ファッションに気を使っておられるのですね。
プレゼントを使っていただくシーンを教えてください。
- ● 仕事で使えるものがいいです
- ○ 休日に使えるものがいいです
- ○ いつでも身に着けられる小物類がいいです

仕事で使えるものがいいです。

お仕事で使えるものですね。
いつもプレゼントを選ぶ際に、何を注意されていますか？
- ● 年齢に合っている洋服かどうかを気にします
- ○ 値段（予算）を気にします
- ○ その年の流行を選ぶようにしています

年齢に合っている洋服かどうかを気にします。

お聞かせくださり、ありがとうございます。
下記のサイトでは、
当社バイヤーがお勧めする「年代別ビジネスウェア」を
ご紹介しております。
OnlineShop：http://www.pa-consul.co.jp/alphascope/
素敵なプレゼントをお探しください。

　現在は前述のようにトラブル解決で利用されるケースが多いが、アバターを使ったマーケティング的な案内も登場している。図8-5-2は、父の日にプレゼントを探すカスタマーへ、「最適なプレゼントは何か？」を誘導するFAQコンテンツだ。オペレータのトークスクリプトではなく、接客・販売担当者が持っている接客ノウハウをトラブルシューティングFAQコンテンツにしている。EC関連企業のFAQサイトでは、トップ画面にある各

特集への誘導に活用したり、予算や用途などの商品選択軸を選択肢に置き換えることも可能だ。アバターを設置する効果は、購買意欲の向上にある。トラブルの解決にイラストを用いると、不快な反応を示すカスタマーもいるため、製品の案内や誘導でアバターを活用したい。これもSEO機能によって、カスタマーが「父の日　プレゼント」と検索エンジンから流入した場合

■図8-5-3　関連マップ機能を使いFAQコンテンツの参照遷移を確認

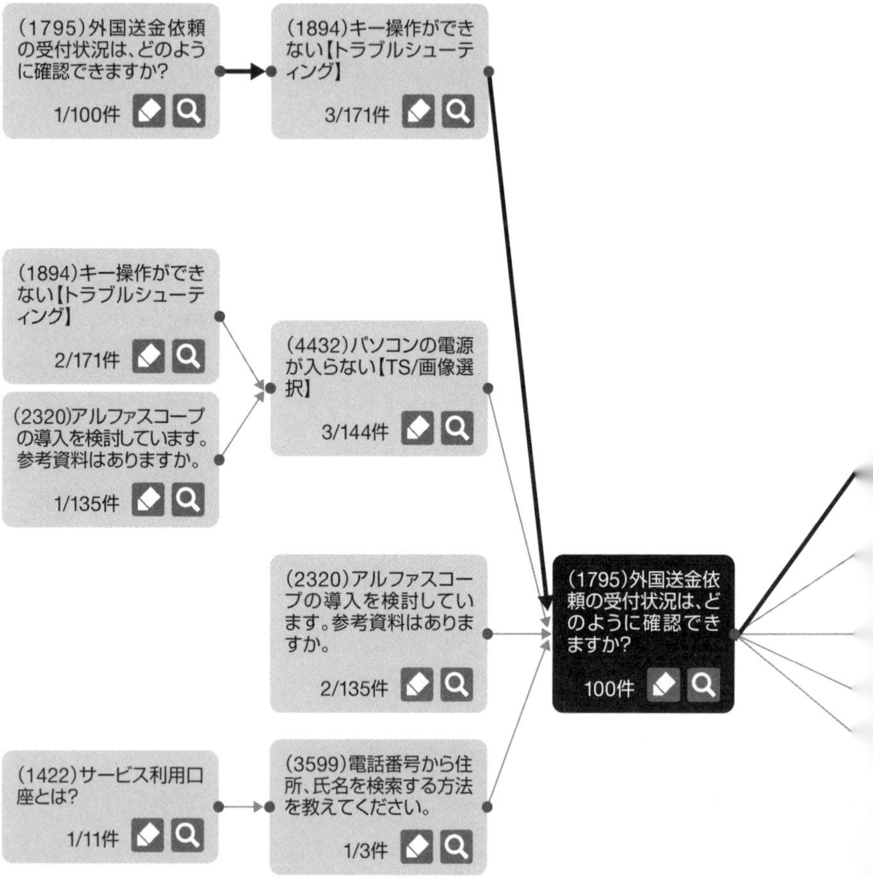

は、予算・用途を絞り込み、扱っている製品の特徴を案内し、特集・購入ページへランディングすることができる。FAQサイト内にとどまらず、WebサイトからトラブルシューティングFAQコンテンツへのリンクを設定して、製品検索として活用が進むことも期待できる。

　トラブルシューティングFAQコンテンツの運用を進めていくと、いくつ

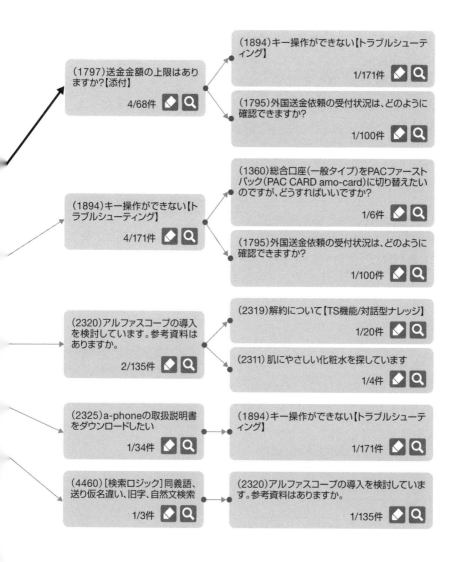

かの課題が出てくるだろう。まずは「どういう内容がトラブルシューティングになるのか」に悩む。手元にトークスクリプトなど、分岐しながら最終回答を案内できる情報があればよいが、情報がなければ関連マップ機能を活用できる。図8-5-3のように、特定のFAQコンテンツを選択すると、そのFAQコンテンツの前後に参照された遷移が分析できる。図では、太い矢印でカスタマーが遷移している傾向が分かるので、このFAQコンテンツを1つのトラブルシューティングFAQコンテンツにしてみよう。

　この関連マップを活用して、トラブルシューティングFAQコンテンツを作成することは効果的だが、この機能を活用するために気をつけたい点がある。それは、1つのFAQコンテンツ内に複数の回答がある場合は、分解しておくことだ。例えば、図8-5-4のように、「パスワードを忘れました」というFAQコンテンツ内に複数の情報が入っている場合がある。このケース

■図8-5-4　1つのFAQコンテンツ内に異なる内容がある場合は「分解する」

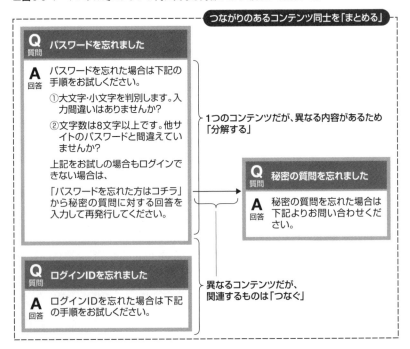

■図8-5-5　関連するFAQコンテンツは1つに「まとめる」

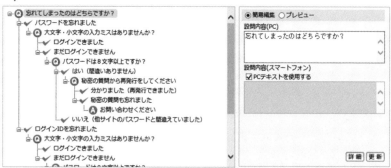

トラブルシューティング機能で、1つのコンテンツにまとめることが可能

■図8-5-6　アルファスコープの一括新規インポート機能

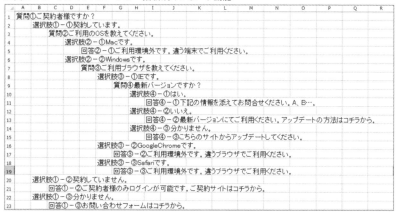

一括インポート機能で、CSVファイルを簡単に変換可能

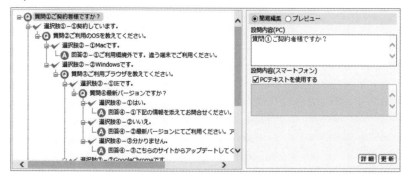

では、パスワードを忘れた場合の手順がうまく行かずに異なるFAQコンテンツへ遷移したのか、パスワードの再発行をしたくて異なるFAQコンテンツへ遷移したのか、遷移の理由が分かりにくくなる。どういう状況でカスタマーが困っているかの分析を進めるために、異なる内容があれば「分解する」こと、関連する内容は関連FAQ機能（第8章2節）で「つなぐ」誘導をしよう。その結果、関連マップで傾向が見えた時は、図8-5-5のように、トラブルシューティングFAQコンテンツとして「まとめる」ことが可能になる。

トラブルシューティングFAQコンテンツは効果的な半面、通常のFAQ

■図8-5-7　トラブルシューティングFAQコンテンツの経路マップ分析

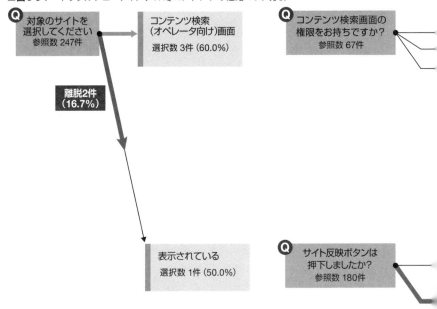

コンテンツより作成に時間がかかる。「もっと簡単に登録できないか」と悩む場面も出てくるだろう。その場合、アルファスコープでは、CSVファイルで一括新規インポートすると便利だ。図8-5-6のように、CSVファイル上で階層を作成して、同じ最終回答があればCSV上でコピー＆ペーストしていく。HTMLタグの取り込みも可能なため、選択肢の数が多くなるケースでは1項目ずつ登録する必要がない。CSVによる一括新規インポート機能で、トラブルシューティングFAQコンテンツ数を容易に増やしていける。

図8-5-7は、トラブルシューティングFAQコンテンツをブラッシュアッ

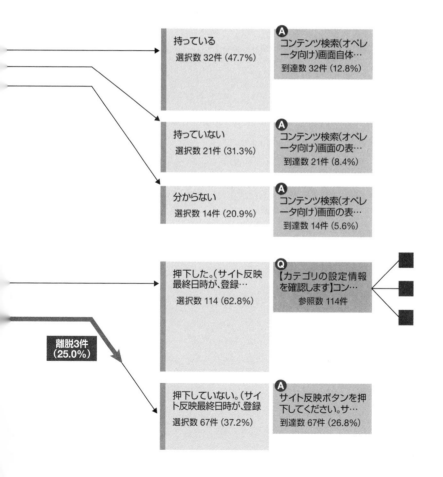

プする専用の分析機能「経路マップ」だ。すべての選択肢で、選択数(その選択肢が選択された数)を把握できる。通常、選択肢は数が多くなるため、選択肢ごとの数値を確認しなくても、パーセンテージによって項目の縦幅が変わるようになっている。1項目ずつ数値を見ていかなくても、直感的にどの選択肢が多く使われているのかをすぐに把握できる機能だ。そして質問項目ごとに、選択されなかった離脱数も把握できる。離脱数が多い選択肢は、選択肢に不足があるのではないか、並び順やタイトルに改善点があるのではないかと、改善ポイントを見つけやすくなっている。トラブルシューティングFAQコンテンツを作成した後に「カスタマーは、どの分岐点で解決できずに離脱しているのか」に悩んだ時、トラブルシューティングFAQコンテンツの改善に効果的な機能だ。

　アルファスコープを導入している企業では、トラブルシューティングFAQコンテンツの運用が進んでいる。選択肢に画像を設定できるため、製品画像やエラー画面を選択肢に設定して、選択しやすくする取り組みが多い。また、最終回答はそれぞれ固有のURLを持つため、カスタマーへメールで回答する際に、カスタマーの状況に応じて選択された状態のトラブルシューティングFAQコンテンツを案内することもできる。よりセルフサポートが進む形として、トラブルシューティングFAQコンテンツの活用を進めていきたい。

COLUMN

アルファスコープのFAQサイト

「FAQのコンサルタントとして、私たち自身がFAQサイトを運営し、自らの運営ノウハウも提供していきたい」——。アルファスコープのFAQサイト（契約企業のみ公開）は、こんな想いで2015年夏に開設した（それまではFAQサイトがなかった）。

しばらくして、導入企業が多くなるにつれて問い合わせも増えてきたため、対策が必要になった。問い合わせ分析を続けると、問い合わせの多くは新たにアルファスコープを契約された方々だったため、「新しく使い始める時に困ること」を徹底的に洗い出した。過去1年間の問い合わせデータを分析し、200件を超えるFAQコンテンツを登録。過去18カ月の0件ヒットワード分析データから、FAQコンテンツの登録／辞書登録／カテゴリ設定変更を行った。また、新しく使い始める方と、使い慣れてきて高度な使い方をする方とのFAQコンテンツをカテゴリ分けして、誘導も強化した。操作トレーニングは、FAQ運用担当者全員が同じ時間に集まって受けることがなかなか難しいので、欠席しても操作トレーニングがいつでも受けられるように、すべてのトレーニングを動画で視聴できるようにした。契約時にはFAQサイトの案内を徹底し、FAQサイトの認知を高めていった。

結果、対策をする前と比較して、新規導入企業の方の問い合わせ数は直近2カ月で30.8%減少、FAQサイトの利用率は1.61倍に増加。中でも新規導入企業の参照データを見ると、参照したFAQコンテンツの48%が新規に登録したFAQコンテンツだった。適切なFAQコンテンツを登録して、誘導することで、私たちも効果を実感できた。

正しく対策すれば、必ず効果は得られる。こうした成功体験を、アルファスコープの導入企業でも多く実現していきたいと強く思う。

第9章

FAQコンテンツの品質が成果に直結する

~チャット／チャットボット~

9-1 チャネルとしての特性をつかむ

　急速に普及が進んでいるチャットは、他のチャネルとの特性の違いを理解して、正しい運用につなげたい。とくに、AI（人工知能）の進化に伴って、チャットボットへの期待は大きい。チャットボットが、Web上でカスタマーと会話をしながら問題解決に導いてくれる、そんな姿を誰もが期待している。それを実現するために、ここでは、はじめにチャネル特性の違いに触れておきたい。

　まず、有人で対応する「チャット」と、ボット（一定の処理やタスクを自動化するアプリケーション）で自動回答を行う「チャットボット」を分けて考えていく。

■図9-1-1　問い合わせ・問題解決手法の変遷

70％以上の人は、問い合わせ前にFAQサイトを見ているというずっと変わらない事実
すべてがWebで完結する時代に、メンバー採用もシフト管理も必要なく、24時間いつでも解決できるお客様対応が、FAQサイトとチャットボット。

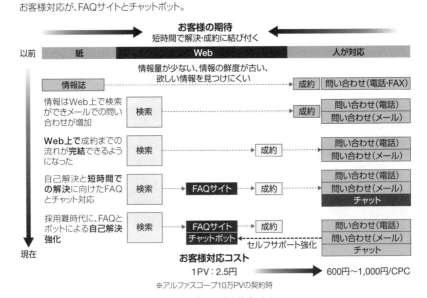

お客様の期待値に対して、**アプローチの選択肢の用意と強化**が重要。

最初に、チャット／チャットボットが進化を続けている今に至るまでの過程に触れておく。**図9-1-1**のように、以前は、書店やコンビニエンスストアで雑誌を購入し、そこで得られた商品の情報に興味があれば、記載されている電話番号で注文や申し込みをする、そんな姿が一般的であった。問い合わせのチャネルも電話やFAXが中心で、FAX用のインクを買いに行ったりしたものだ。

その後、情報誌からWebへ移行するにつれて、問い合わせもメールへシフトしていった。ネットで商品を購入するネットショッピングサイトが増え、ネット上で決済まで完了するようになった。ただ同時に、「Webの操作方法が分からない」「注文の仕方が分からない」「エラーが出て先に進まない」というWeb上の課題が増え、問い合わせ量も増えていった。なかなか電話がつながらないという状況にあって、Web上でセルフサポートができる「FAQサイト」の価値が注目されるようになった。

その後、海外でチャットによる問い合わせ対応が進み、国内企業でもチャットによる対応が導入され始めた。今日では、AI（人工知能）技術の進化によって、コンタクトセンターが抱える採用難の解決手法のひとつとしても、チャットボットの導入が各社で行われ始めている。これがチャット／チャットボットのこれまでの流れだ。

ITの進化と取り巻く環境の変化に応じた課題解決の手法として、新たなチャネルが生まれている。図9-1-1のように、FAQとチャットボットは、情報検索から成約までの距離感が近く、カスタマー対応にかかるコストも格段に安い。ただし、これだけではどのチャネルが最適か判断できない。

図9-1-2は、チャネル特性の違いを大まかに一覧化したものである。利用者の期待は、どのチャネルにおいても「課題を解決したい」のだが、解決に至るまでに求めるスピードや、「ちょっと聞いてほしい！」といった心情への配慮など、期待値によって選択されるチャネルが異なる。

運用について、有人対応の場合、コンタクトセンターによっては、平日の昼間のみ対応などの時間制限や、混雑時に「待ち」が発生する。FAQや

チャットボットでは、基本的に同時に大量のアクセスが可能なため、待つ必要はない。チャットボットを除くチャネルでは回答品質の高いものを提供できるが、チャットボットは回答するFAQコンテンツを学習させる必要があるため、場合によってはちぐはぐな会話が生じることも多い。例えば、回答候補がない場合に「申し訳ございません」と返答するだけの設定では、「謝らなくていいですよ」「申し訳ございません」「いや、謝らないでください」「申し訳ございません」が延々と続くなど、よく見受けられるケースだ。運用コストは前述したとおり、FAQとチャットボットは1対応あたり低コストとなる。最後に、複雑な対応は有人対応のメリットと言えるだろう。複雑な問題が絡み合うケースや、心情を理解して寄り添う対応が必要な場合は、有人対応による解決が好まれる。

　こうしたチャネルごとの特性を理解しておきたい。チャット対応は、決してメール対応が早くなったもの、新人でも気軽に回答できるものではない。また、FAQやチャットボットのメリットに、カスタマーの声が集まりやすくなることが挙げられる。これは、対人ではないために「聞きづらい」ことまで気軽に聞けるためだ。例えば、使いづらいと感じていながら問い合わせるまでもないと思っていたことや、企業キャラクターのプロフィールなど、電話やメールで手間をかけて聞くまでもなかったことが、気軽に質問できる。このため、思わぬ検索ログや問い合わせデータが多く集まる

■図9-1-2　チャネル特性の違い

チャネル	利用者の期待			運用						
	課題解決	心情配慮	スピード	制限対応時間	待ち呼	回答品質	コスト	複雑性	情報量
FAQ	◎	×	○	―	―	◎	◎	○	◎
チャット(有人)	◎	×	◎	有り	有り	◎	×	◎	○
チャットボット	◎	×	◎	―	―	△	◎	○	◎
問い合わせ(電話)	◎	◎	○	有り	有り	◎	×	◎	○
問い合わせ(メール)	◎	○	○	有り	―	◎	×	◎	◎

■図9-1-3 Web上での問題解決までの流れ

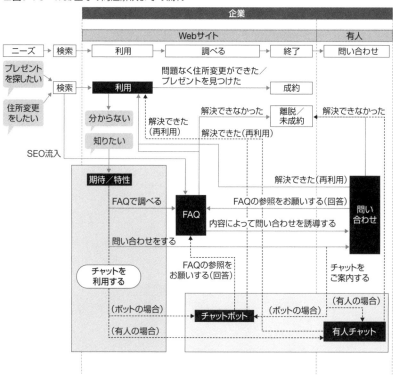

傾向にある。つまり、以前は「問い合わせするまでもなかった」声が企業に届くため、より多くのカスタマーの声を分析し、商品・サービスの改善につなげるVOC活動が進むことが期待される。

図9-1-3は、Web上でカスタマーが「分からない」「知りたい」と感じた瞬間から、各問い合わせのチャネルに至るまでの全体図だ。Webサイトの運営において、どの問い合わせチャネルを用意すべきかは、利用者の期待やその製品の特性に応じて設計していきたい。

例えば、あるカスタマーが誕生日プレゼントを探したいと思った時、大半は検索エンジンで「プレゼント」「誕生日」などで検索するだろう。Webサイトに訪問した後、商品を検索したり、購入手続きや決済に移っていくが、「分からない」「知りたい」と感じた時に、どのチャネルがあれば、その

カスタマーを最終的に成約につなげていけるのか、つまりカスタマーの期待に沿ったチャネルを用意できているかが重要になる。

　チケット販売サイトや期間限定のセールを行うECサイトでは、決済時にエラーが出た時、「すぐに解決したい」と思う。そこに丁寧な言葉遣いや他商品の案内などは不要で、シンプルにすぐ回答が得られるチャットがあると便利だろう。FAQサイトもスムーズに情報を得られるが、カテゴリを選択したり、ワード検索することと比較すると、若干、チャットによる問い合わせの方が速い。反対に、ブライダル関連サイトでは、じっくりと検討をして問い合わせにつなげたい傾向があるため、「お困りのことはありませんか？」とチャットへの誘導をポップアップ表示するのではなく、FAQサイトへの誘導を強化しておき、電話の問い合わせへつなげるFAQコンテンツを作成することが効果的だろう。

　また図9-1-3にあるとおり、チャネル間の連携も重要となっている。FAQサイトから問い合わせフォームへ誘導するのはもちろん、チャットの会話ウインドウは小さいため、スクリーンショットを活用した回答をしたい場合には、チャットからFAQサイトへのハイパーリンクで誘導することもある。また、カスタマーがスマートフォンで電話の問い合わせをした際に、IVR（Interactive Voice Response（System）：自動音声応答システム）で「多くのお客様がお待ちです」とガイダンスが流れている最中に、スマートフォンの画面にチャットのリンク先URLを表示して、電話からチャットやチャットボットへの誘導も行われている。実際、電話やメールに対応をするオペレータと、チャット対応のオペレータが異なる場合も多く、電話はつながらなくてもチャット対応は可能というケースもある。電話対応を行うオペレータは1対1であるが、チャット対応は複数人のカスタマーに同時に応対可能なため、対応できる人数も多くなる。

　まずは、カスタマーが希望するチャネルを選択するのだが、複数のチャネルがある場合は、離脱／未成約になる前に、他のチャネルへ誘導して成約につなげる施策を併せて考えておきたい。

チャット／チャットボット運用の話題になると、例えば、「チャットでは、お詫びの文面にスタンプを使うと怒られてしまう」「チャットでは、常にWeb上へ『お困りのことはありませんか』と表示できる」などの会話になりがちだ。また、チャット／チャットボットのソリューションページを見ると、「リピート率向上」「365日対応可能」「コスト削減」といった言葉が並んでいる。しかし、これらはチャット／チャットボットに限った話ではない。FAQサイトでも、「大変申し訳ございません。お客様のブラウザではご利用できません」というお詫びのFAQコンテンツで絵文字は使わない。また、「FAQを見てください」とWebプッシュ通知（アプリを使用せずブラウザでプッシュ通知をする機能）をするFAQサイトもある。さらに、FAQサイトも、365日の対応が可能で、コスト削減も実現できる。

　チャット／チャットボットだからと、まったくの別物として捉えてしまうと、第3章1節で効果を出せていないFAQサイトの共通点として挙げた、「FAQの運用にのみ独自ルールが多く存在している」のとおり、チャット／チャットボットの効果も期待できない。別物として捉えず、チャットでは回答スピードを求められているので「回答文に挨拶は入れずに、シンプルにまず回答する」、チャットボットでは回答精度向上を目的に会話を学習させる必要があるため「それぞれの回答に、対象となる属性（性別、年齢、役職など）があれば設定する」など、異なるポイントを明確にして、スリムな運用設計を目指そう。

　繰り返しになるが、チャット／チャットボットはFAQサイトが進化したものではない。FAQサイトをAI化したものがチャットボットだと捉えてしまうと、最終的に回答するためのFAQコンテンツが期待に応えられず、CS低下を招く。実際、チャット／チャットボットでは、回答にFAQコンテンツを活用することが多い。新鮮で正確なFAQコンテンツをカスタマーに届けるチャネルが、FAQサイトと横並びで新しく増えたと捉えてほしい。活用するFAQコンテンツを正しく運用すれば、チャット／チャットボットに追加投資しても、同様に成果が得られるはずだ。

9-2 会話ログからFAQコンテンツ候補を自動作成する

チャット／チャットボットによるコミュニケーションが活発になれば、そこで蓄積された会話ログをFAQ運用に活用したい。

例えば、カスタマーの質問に回答していくコミュニケーションは、カスタマーの問題解決に至るまでの道筋となっている。1回の回答は、1つのFAQコンテンツを利用しているが、どの回答をすれば、次にどの質問につながるのかというヒントを得られるわけだ。これを実現するのが、テキストマイニング技術（自由な形式で記述された文章を単語や文節に分割して、その出現頻度や相関関係、いつ発言されたものなのかといったことを分析し、有益な情報を探し出す技術）である。

チャットでは、図9-2-1のような会話が随時行われている。この蓄積され

■図9-2-1　チャット会話の例

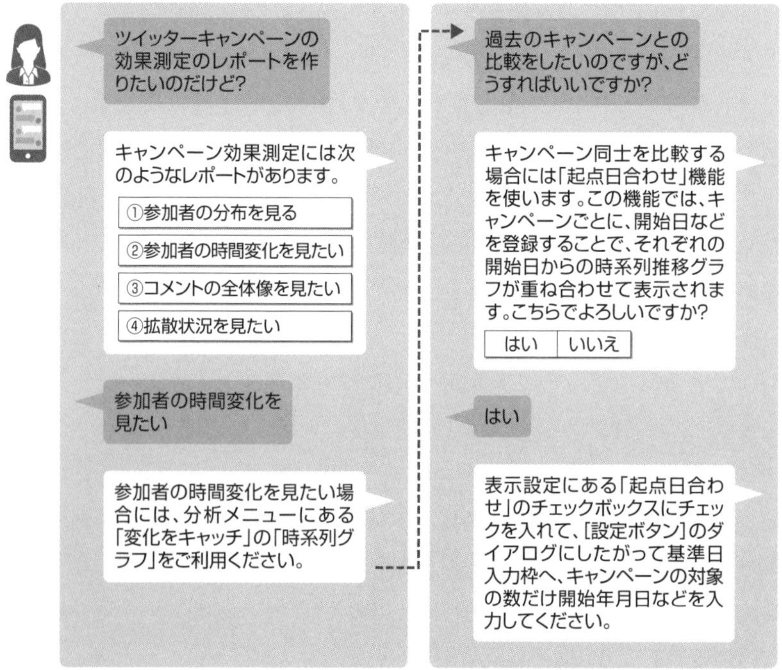

■図9-2-2 見える化されたチャット会話

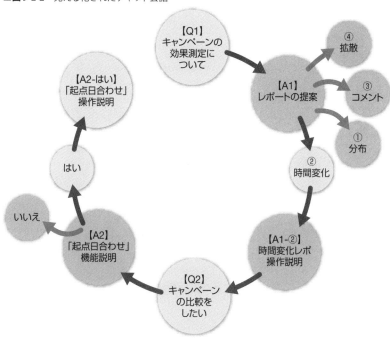

■図9-2-3 会話ログの分析からFAQコンテンツの候補を自動作成

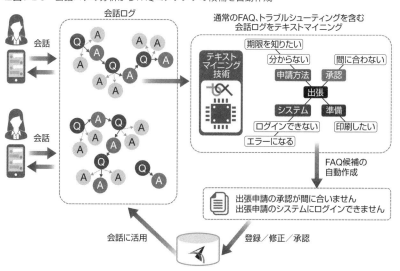

た会話ログをテキストマイニングすることで、チャット会話を"見える化"し、価値ある情報の発見につなげることが可能だ（図9-2-2）。

このテキストマイニング技術によって実現できるのが、FAQコンテンツ候補の自動作成だ。会話ログを分析し、テキストマイニングされた結果から、FAQとして登録できるコンテンツの候補を作成する。この情報をもとにFAQコンテンツ作成を進めることができれば、登録ネタを考える時間の削減はもちろん、会話ログの分析を行っているため、的を射たFAQコンテンツの作成が可能になる（図9-2-3）。

チャット／チャットボットで効果を高めるためには、それぞれ特性の違いを理解することに加えて、会話ログをどんどん活用していきたい。テキストマイニング技術が、その会話ログから新たな発見に導いてくれるはずだ。

9-3 チャットを進化させる分析機能

第9章1節で述べたとおり、チャット対応では、複雑な問い合わせでも素早い回答が期待される。この期待に応えるには、チャット問い合わせの分

■図9-3-1　チャット問い合わせの対応件数と対応時間（例）

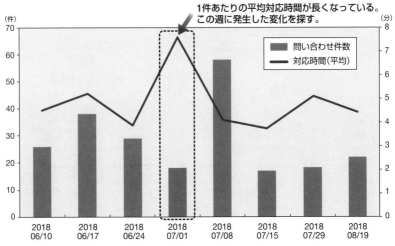

■図9-3-2　チャット会話に含まれるワードの変化を分析（例）

	2018/06/17			2018/06/24			2018/07/01	
1 ↑	データ	125件	1 →	データ	69件	1 →	データ	52件
2 ↑	エラー	52件	2 ↑	単語	40件	2 ↑	属性	51件
3 ↑	グループ	41件	3 NEW	お気に入り	35件	3 ↑	プロジェクト	49件
4 ↑	プロジェクト	40件	4 ↑	ID	33件	4 ↑	方法	40件
5 ↑	チャット	36件	5 ↑	件数	32件	5 ↑	テキスト	38件
6 ↑	件数	34件	6 ↑	質問	31件	6 NEW	再度	37件
7 NEW	取得	32件	7 ↑	分析	30件	7 NEW	昨日	35件
8 NEW	特徴	31件	8 ↑	キーワード	28件	8 ↓	単語	34件
9 NEW	比較	30件	9 ↑	テキスト	27件	9 ↑	クロス	22件
10 ↑	CSV	28件	10 ↓	プロジェクト	23件	10 ↑	チャット	20件
11 ↑	ID	24件	11 ↑	外部	21件	11 ↑	テスト	19件
12 NEW	ページ	19件	12 NEW	教授	20件	12 ↑	マッピング	18件

よく出現しているキーワードを検知して問い合わせ傾向を把握

クリックすると、問い合わせの原文が確認できる

析に加えて、カスタマーが利用したい時間に対応できる運用設計も重要だ。

「アルファチャット」（プラスアルファ・コンサルティング社が提供するクラウド型チャット機能）では、カスタマーが問い合わせするフォーム、オペレータが回答する管理画面、各種分析メニューまで豊富な機能を搭載している。とくに、モニタリングしたい指標を自由に設計できる「指標管理」機能があり、「平均対話数」「解決率」「平均対応時間」「エスカレーション率」「Web応対へ誘導した率」などを設定しておくと、簡単にチャット対応だけの分析が可能だ。

図9-3-1は、問い合わせ件数と対応時間（平均）のグラフだ。通常どおりにオペレータを配置していながら、対応件数が少ない日は、1件あたりの対応時間が長かったのか、問い合わせ自体が少なかったのかを分析しよう。このケースでは、点線の週で突出して1件あたりの対応時間が長く、その分、対応件数が少なくなっていたことが分かった。続いて、なぜそのような結果になったのか深掘りしてみよう。

図9-3-2は、カスタマーの問い合わせに含まれていたキーワードのランキングを、指定した期間で分析できる「変化モニタ」機能だ。ここでは、増加したキーワードや、新しいキーワードを簡単に把握できる。図9-3-1で、

■図9-3-3 「プロット機能」で負荷の高いキーワードを抽出（例）

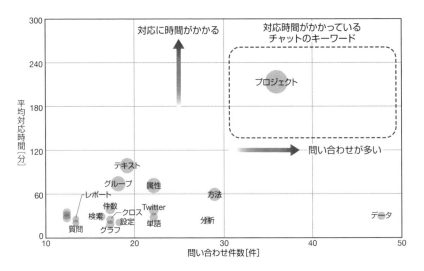

■図9-3-4 対応実績表（例）

日付	受付時間	対応時間	件数	10	11	12
2018/06/13	0.0	0.0	0			
2018/06/14	4.0	1.2	6	1 1 1 1 1 1 1 1 2 2	1	
2018/06/15	5.2	4.2	12	1 2 1 1 1 1 1 1 1 1 1 / 1 4 1 1 1 2 1 2 1		1
2018/06/16	0.0	0.0	0			
2018/06/17	0.0	0.0	0			1
2018/06/18	0.0	0.0	0	1	3 2 1 1	
2018/06/19	4.5	2.2	6	2 2 2 2 2 2 2 2 2 2 / 1 1 1 1 1 1		
2018/06/20	2.7	1.8	2	1 1 1 1 1 1 1 1 1 1 1 1 0 / 1 1 1 1 1 1 1 1		

凡例: 受付可　対応中（受付可）　対応中（受付不可）　受付時間外アクセス

1件あたりの対応時間が長かった週を見ると、「属性」というキーワードが急増していた。「属性」をクリックすると、対象となる51件の問い合わせ内容が一覧で確認できる。新しい機能が搭載された日や、特定の機能でエラーが発生した場合は、その機能名称が急増しているだろう。

図9-3-3は、指定した軸で分析できる「プロット機能」だ。ここでは、どのキーワードの対応時間が長く、問い合わせ件数が多いかを分析している。図の右上の点線内にプロットされるキーワードは、対応時間がかかり、問い合わせも多く、コンタクトセンター全体に負荷の高いキーワードと言えるだろう。「変化モニタ」機能同様に、キーワードをクリックすると問い合わせ内容を一覧で確認できるため、カスタマーがよりセルフサポートを実現できる取り組みを優先して進めたい。

図9-3-4は、チャット対応のシフトモニタリングを行う「対応実績表」機

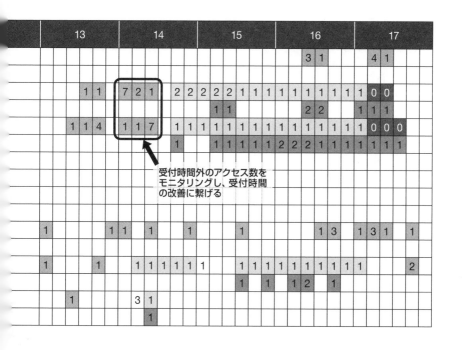

能だ。ここでは、チャットを閉じている時間帯に、どれだけのカスタマーがチャットから問い合わせしようとしたのかを把握できる(受付時間外アクセス)。FAQサイトと同様に、提供する商品やサービスによって、カスタマーが利用する曜日や時間帯は異なる。多くのカスタマーが利用する時間帯に、チャット機能を提供したい。

アルファチャットは、アルファスコープで登録しているFAQコンテンツを簡単に回答に利用できる。問い合わせを分析して、よりセルフサポートが進むチャット対応を実現しよう。

9-4 チャットボットを支えるソリューション

図9-4-1にあるとおり、複数のチャネルが並行して進化していけるように、1つの仕組みで管理できることが重要だ。異なる仕組みで運用を進めると、チャットはチャット対応に使用するFAQコンテンツを作成し、FAQ

■図9-4-1 アルファスコープとの連携で進化するチャットボットを実現

オペレータ向け／公開サイトで利用するコンテンツと
同一DBで管理・運用が可能

オペレータ向け
公開サイトに利用

チャット対応

要約、応対履歴

最適な回答・深掘り
復唱機能

チャットボット
会話エンジン

対話ログ

ブラッシュ
アップ

市場実績のある言語処理技術
　構文解析や、言い換え復唱機能など
過去の会話を利用した学習機能
　最適な回答の抽出、深掘り質問など
自然な会話を実現
　挨拶などのコミュニケーションを円滑に実現

アルファスコープとの連携
整備したコンテンツを充実した分析機能によりブラッシュアップ
↓
ブラッシュアップしたコンテンツがチャットで活用される

■図9-4-2 新たな負荷にならない運用を実現したい

問い合わせ対応に、FAQ運用に、さらにチャット運用まで……。
安価に導入できる時代だからこそ、無駄な投資にならないように。

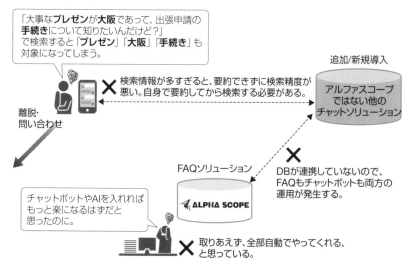

はFAQサイトに公開するFAQコンテンツを追加していくなど、チャネルの数だけ運用負荷がかかってしまう。FAQサイトのFAQコンテンツを登録・修正すれば、FAQサイトで最新の情報が公開され、チャットではそのFAQへのリンクを活用でき、チャットボットではそのFAQコンテンツにある情報で自動回答がされるというように、それぞれのチャネルで同時に応対品質が向上できる仕組みにしたい。

また「要約」機能も必要だ。スマートフォンの利用が主流となる中で、スマートフォンによるワード検索の利用率は、第7章4節で見たように、PCに比べて半分に過ぎない（図7-4-2）。スマートフォンでは、文字入力に手間がかかるためだ。一方、昨今ではスマートスピーカーが各社から発売され、自然発話からの音声認識による検索が進んでいる。スマートフォンと同様だが、音声認識によって文字入力の手間が解消されると、必然的に検索のための情報量は多くなり、通常の類似度検索では回答の精度が著しく低下する。例えば、図9-4-2にあるとおり、「出張申請の手続き」が知りたいだけ

であるのに、文章全体で検索すると「プレゼン」や「大阪」というワードでも類似度検索がなされ、「プレゼンテーションのフォーマット」や「イベント情報（大阪開催）」といったFAQコンテンツも検索結果に表示されてしまう。このため、発話した内容から重要な箇所のみを切り出し、検索する要約

■図9-4-3　カスタマーの回答を学習して進化する

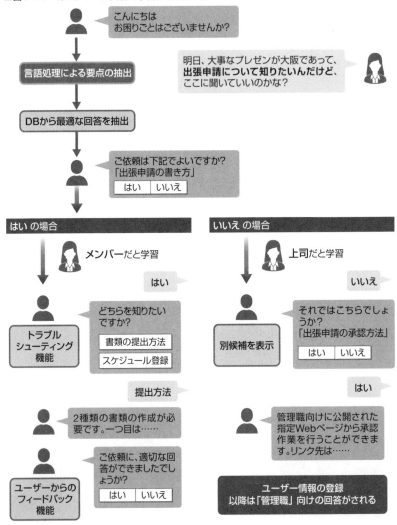

機能が必要となる。

そして、学習することで、最適化された会話を表示する。**図9-4-3**は、「明日、大事なプレゼンが大阪であって、出張申請について知りたいんだけど、ここに聞いていいのかな？」と質問されている。この文章から要約機能で最適な回答を抽出し、「ご依頼は下記でいいですか？　『出張申請の書き方』」と提示した。この結果に対して、「はい」を選択した場合は、書類の申請をする立場＝メンバー（上司ではない）と学習する。「いいえ」を選択した場合は、書類の申請をする立場ではない＝上司（メンバーではない）と学習する。この選択肢により、質問者の立場を学習していく。今回、「いいえ」を選択した場合は、このカスタマーは上司だと判定されているので、次回以降の質問に対しては管理権限を持っている管理職向けのFAQコンテンツが優先的に表示される仕組みだ。チャットボットに期待されている迅速性をより高めるには、このような学習をさせていくことで、FAQサイトで必要な検索の時間すら短縮できる仕組みが必要になる。

9-5 FAQとの違いを知る

FAQサイトとチャットボットで大きく異なるのは、チャットボットはソリューションを導入すればすぐに効果が出るわけではなく、FAQコンテンツにチャットボットの回答に必要な属性設定を行うことから始め、会話ログが蓄積され、時間をかけて回答精度が向上していくことを念頭に置いておく必要がある点だ。また、チャットボットでは「会話」形式になるため、会話を意識したFAQコンテンツの作り込みが必要になる。

まずはフレーズだ。例えば、前述したとおり、「申し訳ございません」を連呼しないこと、導入の挨拶文もカスタマーの入力内容によって出し分けることなど、普段、私たちが行っているコミュニケーションに近い設計が重要となる。冒頭の挨拶文も、いつも「お困りごとを記入してください」にとどまらず、cookie情報から利用実績のあるカスタマーには「先日はご利用

いただき、ありがとうございました」から始まれば、FAQサイトとの差別化要因が強くなる。

会話を成り立たせるために、FAQサイトにない機能も必要だ。図9-5-1のように、ワード検索があまりされないスマートフォンも想定して、回答はタップするだけの複数候補を表示し、それ以外の場合は検索ボックスで検索できる仕組みや、解決できなかった場合にFAQサイトや問い合わせフォームへ誘導するボタンを表示したり、すべてが自由入力欄ではなく、カスタマーが負荷なく利用できる選択肢を表示・誘導できる仕組みがよい。

また、FAQサイトでは重要になっている評価データの取得も注意したい。会話になると、最終的に全体を通してどうだったのかという評価になりが

■図9-5-1　スマートフォンではタップするだけで回答できる候補を並べる

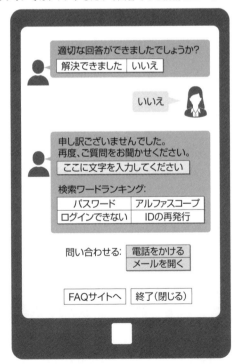

ちで、個別のFAQコンテンツのブラッシュアップデータに役立てにくくなる。提示した選択肢ごとの回答データを収集できる仕組みも用意しよう。

チャットでは、挨拶文や丁寧な言葉遣いよりも的確な回答が優先されるが、例えば、5つ以上の質問をしてくれたカスタマーには「長い間、お付き合いいただいてありがとう」と表示すると、FAQサイトとは違ったコミュニケーションが創造できる。また、待機時間が長くなったカスタマーには「一定時間が経過しましたので、チャットを終了させていただきます」など、他のカスタマーへ回線を空けるための会話も必要だ。こうした一連の会話の中で必要となるフレーズは、FAQサイトと同様に、運用しながら充実していくことにしたい。

最後に、FAQサイトとは異なり、チャットは会話形式になるため、企業の特色やイメージを出しやすくなる。その1つがスタンプだ。カスタマーが問題解決して喜んでくれた時に、製品のキャラクターが「ありがとう」などを伝えているスタンプを送ることで、よりフレンドリーな空間を作れる。言葉遣いも、ターゲットに合わせて表示することが好まれるだろう。

9-6 チャットボットに何を学習させるか

チャットボットでセルフサポートを実現する際のFAQコンテンツの作り方と、会話エンジン（AI）に学習させる範囲を考えよう。

まず、FAQコンテンツを作成する際は、FAQサイトにはない属性（項目）を用意する必要がある。その項目は、前述したように会話のバリエーションと会話の選択肢の条件になり得るものだ。例えば、「Webサイト利用回数」「製品購入数」などは、そのカスタマーへのフレーズを決める要因になるため、会話のバリエーションを変えるための選択肢情報として設定する。これにより、利用2回目のカスタマーには「前回初めてのご購入ありがとうございます。製品はいかがでしたか？」で始まり、5回以上購入しているカスタマーには「いつも当社をご利用いただき、ありがとうございます」と始

めることができる。

　あるいは、性別や年齢、役職などプロフィールに関する情報だ。これらは、製品の特性によって、どういう情報が必要かを見極めてほしい。性別で出し分ける情報がなければ、当然、性別の項目は不要になる。社員向けサイトでは、役職や勤続年数などが項目になり得るだろう。

　チャットボットの会話を意識した属性を設定しておき、既存のFAQコンテンツデータのクリーニングを行うことはもちろん、新規のFAQコンテンツの作成フローに反映しておこう。

　会話エンジン（AI）は、過去に検索されたワードや会話ログ、選択された選択肢情報のデータを学習していく。例えば、登録されているFAQコンテンツに回答候補がなかった場合も、"見える化"された会話ログから最適な情報を探し出して回答候補にする。同じワードで質問されても、提示した選択肢でよく選択されるものを上位に表示する。より最適な回答を導きだすための学習が進む。

　最後に、AI（人工知能）となれば、FAQコンテンツやチャットボットの情報を自動生成するべきかというと、コンタクトセンターにおける活用ではまだ必要性は低いものと考えている。「AIがあれば、FAQも全部自動で作ってくれて、修正もしてくれると思うけど、アルファスコープにはそういったAIあるの？」と質問されたことがあるが、自動化できる部分とそうでない部分を分けて考えたい。

　問い合わせデータをテキストマイニングし、FAQに近い形で出力できる仕組みは便利だ。FAQサイトの構築時に、過去の問い合わせデータからFAQを用意する場面で、人がすべてのデータを読み込む必要がなくなる。ただ、自動でFAQを作成し、知らないところで公開されている状態は、CS低下や離脱を誘発しかねない。このため、最終的には人がすべてのFAQコンテンツを確認・修正してから公開することになる。また、FAQサイトやチャットボットに訪問するカスタマーへ、その時点で提供すべき情報は、Webサイト内の情報に限られるため、新たな情報を生成する必要性と、そ

れにかかるシステム投資や運用コストを考えると効率が悪い。部屋に置く
スマートスピーカーでは、さまざまな会話に対応する必要があっても、
FAQサイトやチャットボットでは、「いま、お勧めの音楽を聴かせて」に対
応する必要はない。セルフサポートに特化した品質の高い情報を作り込ん
でいくことに、機能要件と運用を求めていきたい。

COLUMN

FAQは企業が顧客に向き合う姿勢を決めるもの

特定非営利活動法人コンタクトセンター おもてなしコンソーシアム 代表理事
株式会社イースマイル 代表取締役 CEO
齊藤 勝

　顧客接点のチャネルが多様化し、非対面サービスの世界でもさまざまなコミュニケーション手段が現実化する中、チャネルごとに顧客サービスの品質（レベル）にバラつきが生じるのは、顧客と企業の双方にとって大きな問題である。例えば、Webサイトを見ると「コンタクトセンターにお問い合わせください」と表示してあるにも関わらず、コンタクトセンターに電話をしても解決できず、単に必要書類の送付手続きのみを行われることは決して少なくない。

　図を見ていただくとわかるように、企業の顧客接点において重視するKPI（Key performance indicator）がそれぞれ異なるため、提供するサービス品質を維持管理する難しさにつながっている。その1つの要因は、顧客視点でプロセス設計が十分になされていないからだ。顧客の導線を最

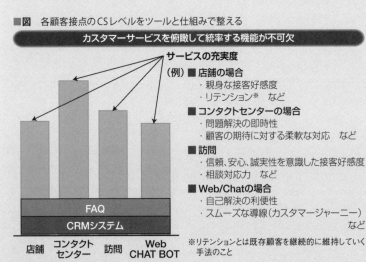

■図　各顧客接点のCSレベルをツールと仕組みで整える

適に設計することもさることながら、そもそも企業が顧客と接する姿勢やポリシーをサービスに反映する意識が低いことに起因している。

　しかし、"コンタクトセンター"という単位でみると、現場では運用ポリシーに沿ってプロセスを標準化する仕組みがあり、その骨子をなすFAQなどのツールと一体化している。要は顧客サービス全体を俯瞰して顧客とのコミュニケーションに対して責任を担う体制や仕組みが整っていないのである。今後チャットボットなど、より一層、ITを駆使したサービスを活用していくことは人口減少などからも時代の趨勢であるにもかかわらず、顧客接点間の調和されたサービスに経営者の関心が高まらないのは残念である。

　顧客の期待や状況（カスタマージャーニー）に応じて臨機応変にサービス提供できる仕組みの実践が、顧客満足度に大きな影響を与えるのは周知の事実だ。臨機応変な対応を実践するには、相応の体制と仕組みの構築が必要で、私（齊藤）は業務標準化に優位性のあるコンタクトセンター機能のサービスポリシーを中心に、各チャネルへ展開していくことが最適だと考える。すでに現場では、FAQやナレッジツールが充実しており、標準的なサービスを提供する環境は十分に整備されているので、今後学習による育成が期待できるAIやチャットボットにおいても、コンタクトセンターで活用されているサービスツールを汎用化していくことがチャネル間連携において最も有効なアプローチだろう。また今後は、さらなる顧客のニーズに応えて、現場の裁量範囲を大きくするとともに、"どのようなアプローチで"顧客と接するかが最も重要なテーマであり、その基礎となるのが企業のサービスポリシーを具体化したFAQに他ならない。

　これからの企業は顧客接点をより一層重視しなければならない理由は説明するまでもないが、"どうやって実現するか"には企業によってかなり温度差があると思われる。一問一答形式の対応をすればよかった時代は終わり、今は顧客の生活習慣に合わせて最適な手段（チャネル）と方法を提供しなければ、顧客は満足せずに簡単に離反する。その意味でも、企業ポリシーの原理原則を踏まえ、顧客ごとに応用する仕組みや体制を整えることが、長く顧客とつきあう方法であると考える。たかがFAQ、されどFAQなのである。

第10章

FAQコンサルティング事例集

10-1 FAQにおけるコンサルタントの役割

　筆者はFAQコンサルタントとして、FAQサイトを運用している企業・サイトの担当者に運用上の課題がないかをヒアリングして、アドバイスや議論を行っている。いかに運用担当者の課題や悩みを当事者としてイメージできるかの「現場力」が問われ、それが価値となる場面でもある。

　「FAQサイトの運用」とひと口に言っても、企業・サイトごとに運用目的はさまざまだ。それを実現するための仮説立てを進めていくと、コンタクトセンターだけでは解決できないコントロールファクター（達成するための障害・弊害となる要因）にぶつかることも多い。例えば、「FAQコンテンツをスムーズにFAQサイトへ公開していくにはどうすべきか？」という課題は、以下の流れになる。

- コンタクトセンター内の運用を見直す
- 定着させたい運用をルール化する
- そのルールを実施するための作業時間を確保する

　そして「登録すべきFAQコンテンツの情報は誰が持っていて、誰が伝えて／教えてくれるのか？」を考えた時に、コンタクトセンターではなく、Webサイト運営部門や企画部門であることが多いことに気づく。

　Webサイト運営部門のメンバーにとって重要なことは、Webサイトにどのように情報を公開して、顧客獲得や売り上げにつなげていくかが中心だ。コンタクトセンターとFAQに活用できる情報をスムーズに共有することは、優先順位として低い。とは言え、「どのように情報を入手すべきか」から設計しないと、「FAQをいかにスムーズにFAQサイトへ公開していくか」の実現は難しい。

　FAQコンサルタントとしては「FAQソリューションの使い方について案内する、手厚いサポート対応」も重要だが、FAQサイトの導入目的を達成するための道筋を提示し、「他部署の協力を仰ぐためのノウハウを提供する」ことも、価値の1つと考える。

今回の「FAQコンテンツをスムーズにFAQサイトへ公開していくにはどうすべきか？」という課題で検討すべきテーマは2点ある。

①コンタクトセンターのメンバーがWebサイト運営部門や企画部門の会議に同席すること

②Webサイト運営部門や企画部門と情報提供のルール化を進めること

つまり、情報がある場にメンバーが参加して主体的に取りに行くことと、コミュニケーションのルールやフローを整備することだ。

①では、コンタクトセンター部門のメンバーが会議に同席することで、そこで配布される資料や周知事項にその場でキャッチアップして持ち帰ることができる。これはコンタクトセンターにとって嬉しいが、Webサイト運営部門や企画部門にとっても、情報提供する作業工数を削減できる。ただし、部内限定情報が含まれる場合は同席が許可されないケースもある。その際は、②にあるように、「新サービスのリリース何日前には情報提供（資料の共有、想定される問い合わせのリスト化）がされる」ことをルール化したいところだ。

さて、もう一歩踏み込んでいきたい。ここまでの提案では、期待したレベルの情報提供がなされないケースがある。

例えば、①で「コンタクトセンターのメンバーを同席させる」として、誰をアサインするだろうか。他部門との打合せとなると、マネージャーやSVなど役職で選定するケースが多い。しかし、ここで期待するメンバーは、問い合わせ対応件数の実績が一番多い「ベテランオペレータ」だ。Webサイト運営部門の資料を見て、「サイト上にこういう表記をしたら、こんな問い合わせがくるだろう」「この画像を掲載したら、こう勘違いするカスタマーもいるだろう」という問い合わせの想起力が求められるからだ。このメンバーアサインを間違えると、ただ単に会議の配付資料を持ち帰ってくるだけになりかねない。

また、第5章8節で述べたが、事前にWebサイト運営部門と情報共有のフォーマットをすり合わせできているとベストだ。これだけで、コンタク

トセンターにとってはその後のFAQ登録作業が簡単に行えるようになる。

　アルファスコープについて大きな成果をあげているFAQサイトの運営者には、共通した傾向がある。最初の段階では、サポートデスク宛に機能の質問が多い。まずはシステムとしてできることの理解を深めているということだ。その後、定期的にFAQコンサルタントに運用相談をいただく。ソリューションにある機能を理解したうえで、FAQコンサルタントを上手に活用しているというところだろう。

10-2 社内サイトと社外サイトはどちらから始めるべきか?

　社内向けFAQサイトと一般カスタマー向けのFAQサイトのリリース(運用開始)時期がまだ正式決定前であれば、まずは社内サイトから運用を開始したい。

　社内向けFAQサイトと一般カスタマー向けのFAQサイトを同時に検討するケースは多い。社内に散在しているナレッジを集約しようと考えれば、それを公開サイトにも活用したいと思うようになる。反対に、公開サイトの見直しを開始すれば、最終的に社内にあるナレッジも整理すれば効率よく再考できるためだ。

　社内向けのFAQサイト運営と社外向けのFAQサイト運営で異なるのは、前者では、利用者がすぐ近くにいることだ。コミュニケーションが直接取れるため、運用変更やFAQサイトの反響を直接確かめることができる。とくにFAQコンテンツのブラッシュアップに必要な評価データは、一般カスタマーには強制できないが、社員には評価の依頼を直接できる。

　公開サイトにおいて、平均して最も検索シェアの高い「カテゴリ検索」の対策もしやすい。カテゴリを設計して、検索データから大幅にカテゴリを構築し直すことも可能だ。「失敗できる」というわけではないが、試行錯誤しながらFAQコンテンツの設定や運用設計を続け、運用担当者が「FAQサイトはどう運用していくべきか」をイメージできるようになったところ

で、公開サイトに着手するのがよいだろう。その時点では、何度もブラッシュアップされたFAQコンテンツがあるため、品質の高いFAQコンテンツが揃っているはずだ。

10-3 アウトソーサーとFAQを構築するコツ

コンタクトセンターでは、問い合わせ対応の一部をアウトソーサーへ業務委託するケースが多い。問い合わせ件数によって委託費が発生するアウトソーサーと、問い合わせ削減に向けて足並みを揃えるのは難しい。

アウトソーサーは、見積もられた問い合わせ件数に対して、単価を設定して委託費用が発生する。このため、問い合わせ件数を削減することは委託費用を削減することにつながる。

委託元であるWebサイト運営部門では、問い合わせ削減によって利益拡大が見込まれるが、委託先からすると、問い合わせ削減は売り上げ減少になり、「一緒に問い合わせを減らしていきましょう」とは、なかなかならないわけだ。

この場合は業務整理を行い、応対に関する業務はアウトソーサーへの集約を強化し、委託元企業では確保できた時間をFAQサイトの運営業務に充てていくのが有効である。

10-4 増加する一方のPVを減らしたい

クラウド型のFAQソリューションを導入する場合、料金体系は「PV数」によることが一般的だ。多くのカスタマーに利用されると、その分だけ利用料金も高くなる。このPV数をコントロールして適切なPV数で運用を継続したい。

FAQサイトの導入目的に「PV数の増加」を挙げている企業も多い。これはFAQサイトの認知をまず高めていく目的で、PV数が増加していること

で「効果が出ている」と判断している。とは言え、Webサイトの運営でもコンタクトセンターの運営でも、必ず予算がある。想定以上にコストがかかるようになってきた場合に、どうすれば増え続けるコストを抑制できるかが課題として出てくる。

　PV数のコントロールは、以下の方法で実現可能だ。
①カテゴリ検索数の削減
②FAQコンテンツの削除

　まずは、①カテゴリ検索数の削減を考えてみよう。PV数の内訳をみると、FAQサイトへの訪問数、検索数、参照数の詳細が確認できる。例えば、1名のカスタマーがFAQサイトへ訪問した後に、カテゴリを1回選択して、表示されたリストから2つのFAQコンテンツを参照した場合、1検索に対

■図10-4-1　カテゴリ検索の初期設定を工夫する

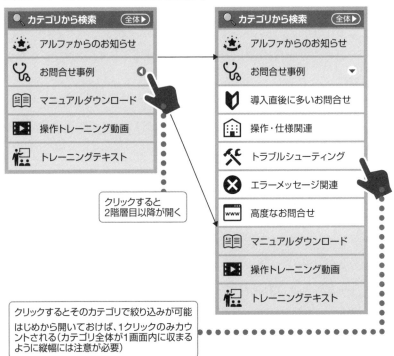

して2参照の比率になる。この比率がFAQサイトによっては、5回の検索で1参照や、10回の検索で1参照となっている。これは、参照したいFAQコンテンツになかなかたどり着けていない状況だ。この場合は、どの検索方法が多く使われ過ぎているのかを分析してみる。多くの場合、カテゴリ検索が主流になっているが、カテゴリ検索数の対策としては、2階層目以降の初期開閉設定を変更したり、カテゴリ数を減らすことで改善できる。

　図10-4-1のように、ほとんどのカスタマーが2階層目以下にあるカテゴリを選択している場合、初期表示から上位階層のカテゴリを開いた状態（2階層目以下が見えている状態）にしておけば、階層をたどっていく必要がなくなるため、第1階層を開く検索数が削減できる。また、分かりにくいカテゴリ名称や、無駄に多い階層があれば、それだけ「この下の階層に何があるのだろう」とカテゴリ検索が行われてしまう。必要ないカテゴリは削除しよう。こうしたカテゴリ検索数の削減が効果的だ。

　続いては、②FAQコンテンツの削除だ。FAQコンテンツを参照していると、「次へ」ボタンや、「このFAQを参照している人はこのFAQも参照しています」というリコメンド機能によって、FAQコンテンツの参照が進んでいくケースがある。効果的なFAQコンテンツであれば問題ないが、例えば一定期間、1度も参照されていないFAQコンテンツなどは、参照されてもそれが解決につながる可能性は低く、参照数だけが増えてしまう。こうした事態を避けるため、一定期間に参照がないFAQコンテンツは削除して、スリム化を図る。これで無駄な参照数を削減できる。

　PV数のコントロールは、FAQソリューションの利用料金に影響するのと同時に、CSにも影響することを念頭に置きたい。例えば、①で述べたカテゴリ表示も、多くのカテゴリを開いた状態にし過ぎると、FAQサイトのトップ画面で全体のカテゴリ構成が分からず、スクロールする手間が生じることもある。極端な施策を取らず、カスタマー視点で負荷の増えない範囲で取り組みたい。

　また、一般的に、新しいFAQサイトをリリースした直後はPV数が増加

する。平均して2～3カ月程度は、新しいFAQサイトの使い勝手を多くの
カスタマーが試したり、いろいろなFAQコンテンツを参照してみたりする
時期のため、リリースしてから2～3カ月程度は様子を見ておきたい。

いずれにしても、第9章1節で述べたとおり、1件あたりの問い合わせ
対応コストと比較すれば、FAQサイトは各段に安価なため、「問い合わせ削
減のために、FAQの参照が進むことはよい結果」である。運用コスト削減
のために、PV数を削減する施策に取り組み過ぎると、結果的に使いづらい
FAQサイトが再構築されてしまい、有人対応の運営コストが改めて増加す
る可能性があるだろう。

10-5 短時間でFAQサイトを構築する注意点は？

1台のスマートフォンに、1人あたり約80個のアプリがインストールさ
れているといわれる現在、コアサービスにおいては、いかに素早く新しい
サービスを世の中に提供するかが勝負となる。フィジビリティスタディ（正
式にサービスとして定着できるかを実験的に調査・検討する目的）として
先行リリースするケースも多いだろう。

そうした中で、FAQサイトの構築が後回しになり、ローンチ（新しい商
品やサービスを世に送り出すこと）直前になって「FAQサイトを急いで構
築したい」と、FAQソリューションを慌てて導入するケースが見られる。

FAQサイトをリリースするまでに、一番時間がかかるケースは「ページ
デザインの設計」だ。ヘッダーとフッターはWebページに合わせるが、
FAQページでどのパーツをどこに表示するか、詳細画面のデザインはどう
するか、この設計に時間を要する。とくに以下のケースでは時間がかかる
ことが多い。

- FAQサイトの構築が初めてで、そもそも一般的なケースすら分からない
- CSS（Cascading Style Sheet：Webページのスタイルを指定するための
  言語）などを駆使して、独自のデザインを作り込む

前者は、他社のFAQサイトをいくつか見ていく中で、カスタマイズしたい箇所を洗い出して調整していく。後者は、独自にデザイン設計をして作り込みをしてから、FAQソリューションにその情報を設定する流れだ。この作業だけで数週間〜数カ月を要する。また、FAQサイトのURLをSSLサイト（Secure Sockets Layer：安全に通信を行うためのセキュリティプロトコル）に設定する場合は、さらに時間がかかる。

反対に、FAQコンテンツのデータをCSVファイルで保有していて、FAQサイトのデザインも一般的なもので構わないという場合は、すべての作業を2週間程度で終えてリリースを迎えることが可能だ。とにかく急いでFAQサイトをリリースしたいというケースは、これに該当する。

企業規模によるが、クラウドサービスを導入する場合には、システム部門でセキュリティ審査が行われるケースが多い。チェック項目が多く時間もかかるため、急いでリリースをしたい場合は先にシステム部門との調整を開始しておくことをお勧めする。

FAQコンテンツは、リリースした後も継続して更新していくため、多少目標レベルに達していなくてもリリースは可能だ。ただし、FAQサイトのデザインが途中で変わることはカスタマーにとって嬉しくないため、FAQサイトのデザイン設計はリリース前に終えておきたい。

10-6 大量にある登録ネタは、どこから着手するか？

登録すれば効果が高いFAQコンテンツから優先して取り組んでいこう。

FAQサイトの運用に力は入れているのに、FAQコンテンツがなかなか進化しない2つのケースがある。

- 登録するFAQコンテンツの待機リストだけ増えていく
- 作成後（公開前）の承認待ちがたまっていく

FAQコンテンツの登録ネタは、オペレータが問い合わせ対応をした時点でコールリーズンと併せてフラグづけされるケースが多い。「この問い合わ

せとその回答はセルフサポートが可能で、かつFAQサイトに登録されていない」という場合に付けるフラグだ。後々、フラグで集計してFAQコンテンツ化していく。

　フラグづけは各オペレータが漏れなく進めているのに、FAQコンテンツを登録する時間を確保できず、フラグづけされた情報だけが蓄積されていく。数百件もたまると、この中からどれをFAQコンテンツとして登録すればよいか見直すのも一苦労だ。大幅に時間が経過すると、すでに情報が古いものや、誰かがそのリスト以外で登録してしまっていたりと、手を付ける前の見直しすら大変になってしまう。登録ネタのリストは、1週間ごとや隔週ごとに着手する運用にしたい。

　その中でも優先順位をつけるならば、図10-6-1のように、コールリーズンごとにセルフサポートの効果を発揮できる順位づけをしてみる。図は、コールリーズンごとに問い合わせの件数と1件あたりの対応時間を表にしている。例えば、「連載記事について」は5,263件の問い合わせがあるが、1件あたりの対応時間は平均6.9分（後処理含む）だ。一方、「キャンペーン内容について」の問い合わせは、2,948件と件数は「連載記事について」より少ないものの、応募条件や個人情報の確認などに時間がかかり、対応時間は平均13.3分だった。対応件数と対応時間平均を掛け合わせると、コールリーズンごとに占めている作業時間を一覧化できる。一番負荷が大きい問い合わせ（＝セルフサポートを実現できれば一番効果が高い問い合わせ）は「キャンペーン内容」となるので、登録ネタで手を付けるべきは「キャンペーン内容」に関する問い合わせとなる。

　登録ネタがそれほど多くない場合は、順に着手していけばよいが、ある程度選別が必要な場合には、こうした優先順位づけの手法を活用してみてほしい。

　また、承認リストがたまってしまうケースでは、承認者と業務設計を進めておきたい。承認者に、承認にかける時間を業務として、あらかじめセットしておいてもらわないと、承認が後回しになり、問い合わせは減らず、

■図10-6-1　問い合わせ件数と1件あたりの対応時間で優先度をつける
事象×対応時間

自己解決が可能なコールリーズン	対応件数	対応時間（※）
101_システムの不具合関連	218	5.9分
103_システム調査関連	3,761	7.0分
204_ネットの操作方法	8,042	4.0分
209_ネットの使い方（要望）	749	7.0分
303_個人情報の取り扱い	95	1.3分
402_連載記事について	5,263	6.9分
403_キャンペーン内容	2,948	13.3分
409_プレゼント応募先	1,313	14.1分
487_業務提携関連	924	7.9分

※対応時間は後処理も含む。

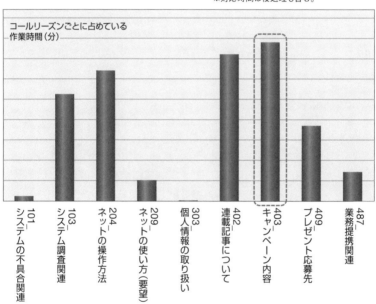

　FAQコンテンツも旬を過ぎたものが公開されることになりがちだ。承認フローを設定する場合、特定のメンバーのみを承認者にすると、休日や業務負荷で停滞しがちになる。「チームや組織の中で指定した人数の承認が得られればよい」といったフローにしておくと、承認が停滞することを回避しやすくなる。

10-7 Excel管理からの脱却が生む効果

あるコンタクトセンターでは、ナレッジ運用について、次のような悩みを抱えていた。

- 社内で共通のExcelファイルを使い応対用ナレッジを運用しているが、オペレータが各自でファイルを管理している
- 公開サイトはWebチームが運営していて情報量が少なく、セルフサポートは実現できていない
- 問い合わせが増加していて、対応コストも増えてきている
- 製品の特性上、社内規定に沿っているかどうかを表記審査部門・コンプ

■図10-7-1　あるコンタクトセンターが抱えていた課題

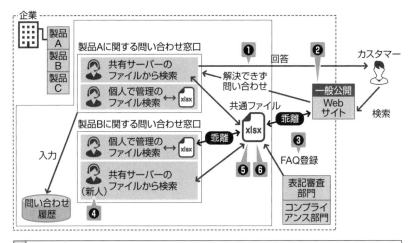

❶	公開されている情報と異なる管理をするため、カスタマーが参照できる情報を把握できていない。異なる回答をしてしまう。
❷	自己解決ができず、問い合わせにつながるため運営コスト負荷が高くなる。CS低下にもつながる。
❸	オペレータでFAQが登録できない。登録・更新の頻度が下がり情報が新鮮ではなくなる(正確ではある)。
❹	先輩が管理している情報と、共有サーバーの情報が異なるため、何を信じていいか分からなくなる。新人向けのノウハウも管理できておらず、最初に覚えるべきことが分からない。
❺	特定の管理者がいなく、誰が最新化しているか分からない。新しい情報が配布されても、誰も更新しない。
❻	Excelのため検索性が悪く、お客様への回答の迅速化につながらない→対応件数も伸びない

ライアンス部門がすべて表記チェックを行う。Excelファイルで都度やり取りしている
- カスタマー対応以外のFAQは管理していない
- オペレータが不足していて、現在のメンバーの負荷軽減を早く実現したい

以上の課題をまとめたものが、図10-7-1だ。

　カスタマーとコンタクトセンター間の課題にとどまらず、コンタクトセンター内にも課題がありそうだ。とくに、本来は1つであるべきナレッジが、公開サイトと、オペレータ共通のファイルと、各自が管理しているファイルの3つ存在している。つまり1つの新しい情報が提供された時に、組織全体でみると3回の登録・更新作業が発生しているわけだ。また、社内の

■図10-7-2　FAQソリューションでナレッジを一本化

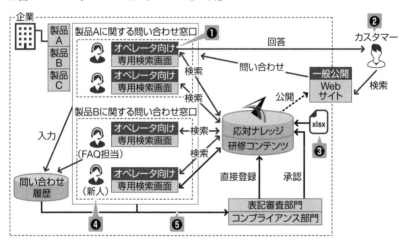

❶	アルファスコープの検索機能で情報を素早く探すことができる
❷	新鮮な情報が登録・更新され、それがお客様へ同時に提供されていくことでFAQでの自己解決が進み、CS向上につながる。
❸	新規構築時は、部署や個人が持っているファイルデータを一括移行
❹	新人向けの教育コンテンツも充実すると独り立ち期間の短縮に加え、操作習得にもつながる(結果、今後の情報提供のスピードUPにもつながる)。
❺	FAQ担当者を任命して、問い合わせ履歴からFAQコンテンツ化するフローが構築できる。表記チェックが必要なコンテンツは承認フローへ。それ以外のコンテンツは、直接UPしていくことで必要なコンテンツが迅速に更新される。

複数部門の審査が入ることで、なかなか正しい情報を迅速に公開できないストレスも現場に生まれている。負荷が大きければ更新しなくなる、悪いスパイラルに入っていくことになる。SVも、各自でファイル管理していることを認識していながら、問題が発生すると「ちゃんと共通のナレッジを参照していないから」とオペレータの責任にしてしまう。この状態に、マネージャー・SV、オペレータは不安を抱えながらカスタマーと向き合っている。

　共通のファイルをFAQソリューションに置き換えてみよう。そうして実現できる姿が、図10-7-2だ。

　まず、各オペレータが同じ情報を参照することで、応対品質の均一化が図れる。共通のファイルを検索しない理由にあった、検索性や登録のしやすさは、FAQソリューションの機能で解決できている。簡単に登録ができることで、共有サーバーにあった研修資料や経費精算の方法など、応対以外の情報も集まるようになる。多くの情報がFAQソリューションに集まれば、まずこのナレッジを検索すればよいという習慣が生まれる。多くの人が参照し、評価をすることで、今までのFAQコンテンツが磨かれていく。情報が磨かれると、カスタマーにも公開したくなる。公開サイトのFAQコンテンツが充実して、カスタマーも嬉しくなる。セルフサポートも進んでいく。入ってきた問い合わせからのFAQコンテンツ化は、FAQソリューションの承認機能を使えば、Excelファイルをメールでやり取りする必要がなく、ブラウザ上でスムーズに処理できる。今までより格段に情報が新鮮だ。新人は手の空いた時間でFAQソリューションを検索してみよう。応対の情報を学びながら、検索することに慣れていき、デビューした時の検索スピードはベテランに引けを取らなくなる。数百名規模のコンタクトセンターでも、新しい情報を1名が更新すれば、その時点から全員が共有し、新しい情報を案内できる。新しい情報が提供された時に、「それは私が登録します」「ありがとう！」こんなコミュニケーションが生まれる。

　理想像に思えるかも知れないが、「社内で煩雑化した情報を整理して、運用も設計したい」という課題解決を達成できている状態である。

10-8 FAQ運用改善の効果

　FAQサイトの導入目的で最も多い「問い合わせ削減」の効果は、第2章2節の「問い合わせ削減80％」や、第8章のコラムの「30.8％の削減事例」などがある。また、FAQのKGI/KPI設計については第2章で述べたとおりで、CS向上や業務効率化など、さまざまな指標を設定してモニタリングされている。ここでは、ある企業が設定した「FAQソリューションを導入して実現したい効果」の結果と、その達成に向けたプロセスで得られた効果にも触れてみたい。

　このケースでもFAQサイトの導入目的は「問い合わせ削減」だ。増え続ける問い合わせを削減するために、公開サイトと社内のオペレータ向けのナレッジを構築し、さらに運用体制まで見直しを図っている。約4カ月間のプロジェクトを設定し、課題整理から公開サイトが改善されるまでの取り組みを実施した。

　図10-8-1は、問い合わせ削減効果の実績だ。結果的に、本来問い合わせが入っていたであろう想定問い合わせ件数と、実際の件数との差を比較すると、38.8％の問い合わせ削減が実現できた。運用コンサルティングを行う前から、アルファスコープを導入していて、豊富な機能と充実したサポートで約10％の問い合わせ削減効果を得られていた。今回、さらに高い効果を得るために運用面の改善に取り組むことにした。

■図10-8-1　問い合わせ削減効果の実績

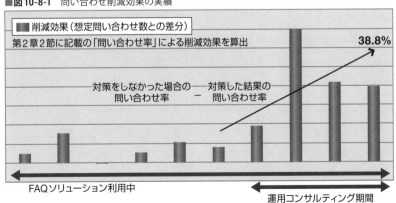

FAQソリューション導入前の課題として、FAQの登録・更新のしやすさ、分析によるブラッシュアップが設定されている場合は、FAQソリューションの機能を使用することである程度の効果が得られる。ただ、機能をすべて理解して、まだできることがないか再検討したい場合や、さらにスムーズなFAQサイト運営を実現するために運用上の課題を洗い出したい場合は、運用コンサルティングを利用するのも妙手だ。

　今回のケースでは、問い合わせ削減のために、第3章2節で述べた運用サイクルの図3-2-1に合わせて課題を設定していった。

- 組織内コミュニケーションの改善（部門間コミュニケーション）
- 機能の習熟度向上
- オペレータへの再研修
- 登録できていないFAQコンテンツの優先順位づけ
- 公開サイトのデザイン設定

　以上、幅広く課題を設定し、サイクル図に沿って課題解決を進めた。

　定性的な効果もあり、現場の運用担当者へのインタビューを行ってみると、「お客様から『御社のよくあるご質問ページを見させていただいています。これ、すごくいいですね。素晴らしいです！』『FAQに画面のキャプチャがあって分かりやすい』などのコメントをいただきました」といった嬉しい声がカスタマーから現場に寄せられていることが分かった。半面、現場では「FAQコンテンツの詳細画面が別ウインドウで開いてしまう」「サイトごとに注目のFAQの設定ができなかったことが残念」といった、運用上で困っていて吸い上げられていない声も多く挙がった。これらは、必要な機能がアルファスコープに用意されていたが十分に活用できていなかった部分で、機能の紹介と設定だけで解決ができた。より現場の運用担当者が使いやすく、FAQの運用がスムーズになるきっかけを作ることができた。

　4カ月間のプロジェクトを終えて、あらゆるデータを分析してみたところ、FAQのPV数に関するデータと、評価に関するデータで大幅な効果を得られていた。**図10-8-2**は、サイトA・Bの2つのサイトに対する、PV数の推移、

■図10-8-2　運用コンサルティング導入の結果①

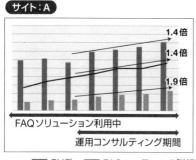
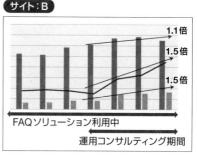

　FAQコンテンツの詳細画面の参照数推移、1検索に対する参照数の推移だ。PV数は、どれだけの人がFAQサイトを利用したかを確認できる。FAQコンテンツ詳細画面の参照数は、FAQサイトへ訪問したカスタマーが詳細参照まできちんとたどり着けているかの指標になる。1検索に対する参照数の推移は、より少ない検索数で詳細参照にたどり着けているかの指標だ。サイトAでは、運用コンサルティングを開始する前と比較して、PV数は1.4倍、詳細画面の参照数も1.4倍に増加、1検索に対する参照数は1.9倍に向上した。サイトBでは、PV数は1.1倍、詳細画面の参照数は1.5倍に増加し、1検索に対する参照数は1.5倍に向上した。2つのFAQサイトで、それぞれ「より使いやすい」サイトになっていて、「より多くの人が集まるFAQサイト」に仕立てることができた。とくに1検索に対する参照数が改善できていることは、セルフサポートにおいてFAQコンテンツの参照までが大事だという前提からすると、セルフサポートの効果は大きいと判断できる。

　図10-8-3は、評価に関するデータだ。FAQコンテンツのブラッシュアップには評価データが重要だと伝えてきた。サイトAでは、運用コンサルティングを開始する前と比較して、評価数は17.8倍に増加し、評価率は11.6倍に向上した。サイトBでは、評価数は6.0倍に増加し、評価率は3.2倍に向上した。このように評価数と1参照あたりの評価率も、運用改善で大幅に増加した。実施したのは、評価設問の再設定と評価の見せ方の改善の2点だ。

■図10-8-3　運用コンサルティング導入の結果②

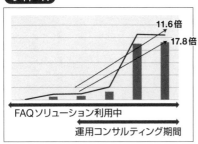
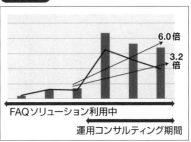

　評価設問の再設定は、第7章2節で述べたとおり、実現したいブラッシュアップから逆算して評価設問設定を行った。見せ方の改善は、評価設問を画像にしたり、評価設問によってはその評価を押下した後に自動で別ページへ遷移するリダイレクト設定を行ったり、評価設問の表示位置を解答欄のすぐ下に移動して目につきやすくしたりとさまざまだ。この見せ方の改善は、運用の見直しよりはFAQソリューションに搭載されている豊富な機能によって実現できる範囲になる。

　このように、FAQサイトが進化するサイクルに沿って見ていくと、ある課題を達成するために実施した施策の成果は、他の指標の改善にもつながっているとわかる。こうした効果も併せて可視化し、FAQサイトの関係者やカスタマーへフィードバックしていくことで、FAQ（ナレッジマネジメント）の価値が再認識されていくだろう。

　最後に、今回のケースのように、さまざまな効果を実現できているのは、「こうした方がいい」「こうしたい」という、運用の見直しを実現できる機能があってこそだ。半面、FAQソリューションの評価を機能ベースの「○」「×」だけで判断すれば、その機能の価値を活用し切れずに終わってしまうだろう。

　最大限の効果を引き出すための運用ノウハウを駆使して、FAQサイトごとに課題を設定し、解決するための豊富な機能を活用して、カスタマーやオペレータ、FAQ運用担当者から喜ばれるFAQサイトの運用を実現してほしい。

あとがき

　現在の私たちは、「知りたい」と思ったことを、誰かが「教えてくれる」ことで成長しているのだと考えている。ただ、情報爆発時代と言われるほどWeb上には情報が溢れ、何が正しい情報なのか、今知りたい情報を正しく知ることが難しくなってきたと思う。そんな中で、「知りたい」と感じた瞬間に、その情報を最適な方法で届けられる、そんな姿が求められてきている。

　FAQサイトも10年前は、HTMLタグでベタ書きしていたサイトが多かったが、現在では、その人その人に合ったFAQコンテンツをリコメンドできるようになった。さらにスマートフォンで音声認識を使って知りたい情報を検索したり、スマートスピーカーでIoT（Internet of Things）家電の操作ができるようになるなど、デバイスの進化が、新たな生活スタイルを作り出している。

　どうすれば最新の情報を手に入れられるのかを考えてキーボードで検索していた時代から、今や「最新のニュースを教えて」とそのまま話せば表示されるようになった。いずれ、何も伝えなくても、その人にあった情報がカ

■図　FAQサイト運用の未来像

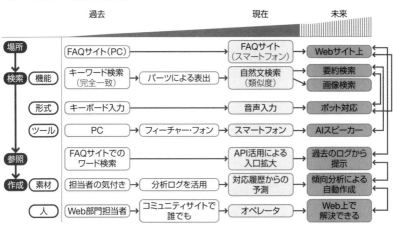

スタマイズされて提供されるようになるだろう。

　コンタクトセンターにおいても、こうしたテクノロジーの進化のひとつとして、チャット／チャットボットといった新たなデバイスによるカスタマー対応の取り組みが進んでいる。カスタマーが簡単に知りたい情報を知ることができ、その人に合った情報が提供できれば、さらにセルフサポートやCS向上が期待できるからだ。しかし、実際は期待していた効果が得られていないケースが多い。その理由の1つに、FAQ運用のノウハウが定着していないことがある。

　Webサイトで、知りたい情報をどれだけ簡単に検索できる機能があっても、参照したFAQコンテンツがカスタマーの解決に役立つ情報でなければ、セルフサポートもCS向上も実現し得ない。FAQコンテンツの運用が各社で定着し、進化していくことで、新たなデバイスの効果もより高まっていくだろう。

　今後、さらにテクノロジーが進化することで、新たなデバイスが作られ、私たちの生活スタイルや、コンタクトセンターのカスタマー対応の方法も変化していくと想定される。ただ常に、カスタマーが「知りたい」と感じた瞬間に、商品・サービスを提供する側が正しい情報を「伝える」というアクションは変わらないだろう。

　この「知りたい」「伝える」というアクションを考えると、今後、FAQが教育の場面で、教育ツールとしての活用がさらに進んでいくのではないかと感じている。実際に、コンタクトセンターに限らず、新人教育／研修の場面においてFAQを活用する企業が増えている。「知りたい」「伝える」というアクションによって、人が「成長する」ことへと活用の目的が進化している。

　一方で、AIの登場によって失われると想定される職種が多いと言われているが、FAQについてはどうだろうか。FAQがWeb上のコミュニケーショ

ンを支えていけば、それを実現するFAQ運用は、AIを支える重要な分野であり続けるだろう。今後はさらに、私たちのコミュニケーションにある「言葉を選ぶ力」や「その場の空気を読む力」など、まだAIが実現できていない、人ができる強み／差別化要素を常に探し続け、FAQでどう実現するかが求められていくだろう。FAQは言うなれば、知の結晶であり、「FAQ運用を定着させること」は、いわゆるナレッジマネジメントそのものである。

　まず目の前にある、手に届く距離にあるFAQサイトをより良いものに仕立てていってほしい。目の前のFAQサイトが変わり、1人でも多くのユーザーが「解決できてよかった」と思える瞬間を作ってほしい。

　今こうしてFAQに関するノウハウを届けられることを嬉しく思うとともに、温かいご協力をいただいた株式会社イースマイル　代表取締役CEO斎藤　勝様、ISラボ　代表　渡部弘毅様に厚く御礼申し上げます。進化するナレッジマネジメントの分野とともに、私自身もチャレンジを続けていきます。

著者紹介

大矢 聡(おおや さとし)

株式会社プラスアルファ・コンサルティング
見える化エンジン事業部　上級システムエンジニア
NPO法人コンタクトセンターおもてなしコンソーシアム　正会員

昭和53年(1978年)生まれ。東京都渋谷区出身。
2001年、ソフトウェア会社に勤務し、品質保証部(QA)で会計管理・人事給与管理システムの製品監査／マニュアル制作、ISO9001およびJISQ15001／プライバシーマークの認証取得に携わる。
2006年、株式会社リクルートに入社。
CS推進部チーフとして、組織戦略策定、育成計画・成長支援、組織運営KPIの策定・実施、情報管理統括担当、ES向上、採用などに携わる。
主にリクルートグループ全社のFAQサイトの改革に従事し、「じゃらんnet」「カーセンサー」「ゼクシィ」「SUUMO」「リクナビ」「リクナビNEXT」など、延べ55サイトの導入・運営に携わる。
2011年「FAQを活用した問合せ削減とVOC活動」で、コンタクトセンター・アワード／テクノロジー部門 最優秀賞を受賞。
また、カスタマーの声から商品・サービスの改善提案を行うVOCリーダーとして「じゃらん」「AB-ROAD」「ホットペッパーグルメ」「Hot Pepper Beauty」「ゼクシィ」「カーセンサー」「SUUMO」「ポンパレ」「ケイコとマナブ」「進学ネット(現スタディサプリ)」、新規事業サービスを担当。
退社後、短期海外留学を経て、FAQの運用とFAQソリューションの両面からFAQの改革を実現するため、2015年1月にプラスアルファ・コンサルティング入社。
現在、「アルファスコープ」のコンサルタントとして、導入企業への運用コンサルティング、イベントでの講演などを担当している。

■ 連載実績
CALL CENTER JAPAN誌(旧・Computer TELEPHONY)
「FAQサイトの創り方」(2015年6月号～11月号・全6回)
Contact Center Management誌
「最新FAQシステムと運用成功法」(2016年4月号～2018年4月号・全6回)

■ 講演実績(一部)
「FAQサイト運営診断」おもてなしフェスティバル
コンタクトセンターおもてなしコンソーシアム主催
「採用難を乗り切るナレッジマネジメント　～問い合わせ削減55.8%のFAQ運用メソッド～」
コンタクトセンター／CRM デモ＆コンファレンス2017 in 東京
「差別化するFAQ　～AIで変わるためのFAQ運用メソッド～」
コンタクトセンター／CRM デモ＆コンファレンス2018 in 大阪

AI時代に進化する FAQの活用と実践

©大矢 聡,プラスアルファ・コンサルティング　2018

2018年11月20日　第1版第1刷発行	著　　　　者	大矢 聡
	発　行　者	土岡正純
	発　行　所	株式会社リックテレコム
		〒113-0034 東京都文京区湯島3-7-7
		振替　00160-0-133646
		電話　03（3834）8380（営業）
		03（3834）8104（編集）
	U　　R　　L	http://www.ric.co.jp/
	カバーデザイン	小幡一之
	D　T　P	株式会社リッククリエイト
	印 刷・製 本	奥村印刷株式会社

本書の無断転載・複製・複写を
禁じます。

乱丁・落丁本はお取り替え致します。　　　　　　　　　　　　　　　Printed by Japan
ISBN978-4-86594-174-6

本書に記載した商品名および社名は各社の商標または登録商標であり、その旨の記載がない場合でも本書はこれを十分に
尊重します。なお、本文中はTM、®マーク、©マークなどは記載しておりません。